The Crisis of Christian Nationalism

REPORT FROM THE HOUSE OF BISHOPS THEOLOGY COMMITTEE

EDITED BY
ALLEN K. SHIN AND LARRY R. BENFIELD

FOREWORD BY
MICHAEL B. CURRY

Copyright © 2024 The Domestic and Foreign Missionary Society of The Protestant Episcopal Church in the United States of America

All rights reserved. No part of this book may be reproduced, stored in a retrieval system, or transmitted in any form or by any means, electronic or mechanical, including photocopying, recording, or otherwise, without the written permission of the publisher.

Unless otherwise noted, the Scripture quotations are from New Revised Standard Version Bible, copyright © 1989 National Council of the Churches of Christ in the United States of America. Used by permission. All rights reserved worldwide.

Church Publishing
19 East 34th Street
New York, NY 10016
www.churchpublishing.org

Cover design by Newgen
Typeset by Nord Compo

ISBN 978-1-64065-803-5 (paperback)
ISBN 978-1-64065-804-2 (hardcover)
ISBN 978-1-64065-805-9 (eBook)

Library of Congress Control Number: 2024943972

Contents

The Crisis of Christian Nationalism

Foreword 5

Theology Committee of the House of Bishops
(2022-2024) 7

Introduction 9

The Case Against Christian Nationalism 15

How Do We Respond? 21

A Bibliography for Further Reading 33

Notes 38

Study Guide 41

A Case Study 51

Confronting Christian Nationalism in the Diocese
of Spokane 52

La crisis del nacionalismo cristiano

Prefacio 65

Comité de Teología de la Cámara de Obispos
(2022-2024) 67

Introducción 69

El caso contra el nacionalismo cristiano 75

¿Cómo respondemos? 82

Una bibliografía para lecturas adicionales 95

Notas. 101

Guía de estudio 105

Caso de estudio 115

Confrontando el nacionalismo cristiano en la diócesis
de Spokane 117

Foreword

In the 1981 film *Chariots of Fire*, there is a powerful scene in which one of the main protagonists, Eric Liddell, is confronted by the British Olympic committee for his refusal to run on a Sunday because of his faith. Lord Cadogan angrily criticizes him and proclaims, "In my day, it was king first, and God after," to which the Duke of Sutherland, another member of the committee, replies, "Yes, and the War to End All Wars bitterly proved your point."

It is always a dangerous thing to mix up our priorities, whether on the personal level or the national level. For those of us who dare to call ourselves followers of Jesus of Nazareth, the challenge is how to order our priorities so as to put God first. "Give to Caesar the things that are Caesar's, and to God the things that are God's" (Mark 12:17) allows us to be patriotic and love our country, but not put it before the God who is over all the nations and of whom Isaiah says "brings princes to naught and makes the rulers of the earth as nothing" (Is. 40:23).

We who follow Jesus of Nazareth are called individually and as a church to live out his Way of Love. As Dr. King said in the first of his ten commandments for nonviolence, "Meditate daily on the teachings and life of Jesus." More than this, sometimes this means calling our country to account for its words and actions, not for lack of love of it but because we love it enough to point out its failings. The eighteenth-century philosopher and member of Parliament, Edmund Burke, in watching the excesses of the French Revolution, remarked, "To make us love our country, our country ought to be lovely."

The following document created by the House of Bishops Theology Committee offers both profound and practical responses to the Christian Nationalism that today threatens our country's soul. It is because we love God and it is because we love our country that we want to respond in ways that are healthy, holy, and true. I commend this wonderful work to all individual Episcopalians, congregations, dioceses and, indeed, to all people of good will who seek Blessed Community.

The Most Rev. Michael B. Curry
Former Presiding Bishop of The Episcopal Church

Theology Committee of the House of Bishops (2022-2024)

Contributing Bishops

The Rt. Rev. Jennifer Baskerville-Burrows
Bishop, Diocese of Indianapolis

The Rt. Rev. Larry R. Benfield
Bishop resigned, Diocese of Arkansas

The Rt. Rev. Thomas E. Breidenthal
Bishop resigned, Diocese of Southern Ohio

The Rt. Rev. R. William Franklin
Bishop resigned, Diocese of Western New York
Bishop Assisting, Diocese of Long Island

The Rt. Rev. Carol Gallagher
(Cherokee) Regional Canon, Diocese of Massachusetts

The Rt. Rev. Shannon MacVean-Brown
Bishop, Diocese of Vermont

The Rt. Rev. Gretchen Rehberg
Bishop, Diocese of Spokane

The Rt. Rev. Allen K. Shin, chair
Bishop Suffragan, Diocese of New York

Contributing Theologians

The Very Rev. Dr. Michael Battle
Extraordinary Professor, Desmond Tutu Centre for Religion and Social Justice, Faculty of Arts and Humanities, The University of the Western Cape, South Africa

The Very Rev. Dr. Kelly Brown Douglas
Former Dean of Episcopal Divinity School
Canon Theologian, National Cathedral, Washington, DC
Theologian in Residence at Trinity Church Wall Street

Dr. Stephen Fowl
Dean of Church Divinity School of the Pacific

The Rev. Dr. Craig Geevarghese-Uffman
Priest in the Diocese of Rochester, Writer and Podcaster for Christian Humanist Mission

The Rev. Dr. Altagracia Perez-Bullard, co-chair
Associate Dean of Multicultural Ministries and Assistant Professor of Practical Theology, Virginia Theological Seminary

The Rev. Dr. Katherine Sonderegger
William Meade Chair of Systematic Theology, Virginia Theological Seminary

Introduction

Prayer for Our Country
Almighty God, who hast given us this good land for our heritage: We humbly beseech thee that we may always prove ourselves a people mindful of thy favor and glad to do thy will. Bless our land with honorable industry, sound learning, and pure manners. Save us from violence, discord, and confusion; from pride and arrogance, and from every evil way. Defend our liberties, and fashion into one united people the multitudes brought hither out of many kindreds and tongues. Endue with the spirit of wisdom those to whom in thy Name we entrust the authority of government, that there may be justice and peace at home, and that, through obedience to thy law, we may show forth thy praise among the nations of the earth. In the time of prosperity, fill our hearts with thankfulness, and in the day of trouble, suffer not our trust in thee to fail; all which we ask through Jesus Christ our Lord. Amen.[1]

At the House of Bishops gathering in March 2022, Presiding Bishop Michael Curry charged this committee to study the issue of Christian nationalism, which has increasingly become an urgent issue, especially since the insurrection on January 6, 2021, and now perhaps the greatest threat to our democracy. Since then, Christian nationalism has come to the forefront of national news and conversations in both social media and scholarly studies. The committee held the first meeting online in the fall of 2022 and the second meeting in person in Indianapolis, with some joining online, in January 2023. The first interim report was submitted to the House of Bishops gathering in March 2023.

As we began our conversation, we quickly recognized the complex and elusive nature of the term *Christian nationalism*. We grappled with how to define it and found ourselves disagreeing on the semantics of nationalism. The large scope of this issue easily took our conversations in many different directions. To keep our exploration theologically focused, we agreed on the Anglican framework of Scripture, tradition, reason, and liturgy as our methodology. We also recognized the deep connection between white supremacy and Christian nationalism in the context of the United States and our previous work on white supremacy.

In our publication *Realizing Beloved Community*, we showed that "Whiteness is essentially the passport into the exceptional space that is American identity, as defined by the Anglo-Saxon myth."[2] It has been recognized that Christian nationalism in the U.S. context has deep roots in white supremacy, even though it cuts across all racial, ethnic, and cultural groups today.

Introduction

Andrew Whitehead and Samuel Perry, in their comprehensive study of Christian nationalism, describe it as "an ideology that idealizes and advocates a fusion of American civic life with a particular type of Christian identity and culture" that "includes symbolic boundaries that conceptually blur and conflate religious identity (Christian, preferably Protestant) with race (white), nativity (born in the United States), citizenship (American), and political ideology (social and fiscal conservative)."[3] Thus, "Christian" in Christian nationalism is not so much about a religious faith as an ideologically driven identity, even though religious beliefs are cleverly deployed to support its ideological stance on certain political and social issues.

The ideology of Christian nationalism in the U.S. context consists of assumptions about white supremacy, Anglo-Saxon nativism, patriarchy, and militarism. This ideology is a prime example of how white supremacy has morphed into and given energy to the systemic sin of Christian nationalism. Thus, the term *white Christian nationalism* is often used not so much to distinguish the white members of Christian nationalist adherence as to show the intersectionality between white supremacy and Christian nationalism in the U.S. context.

In Carter Heyward's study of white Christian nationalism, she proposes the term as "a sinful movement rooted in seven interactive sins of a significant segment of white Christian Americans to superimpose their conservative religious values on the leaders and laws of the United States of America."[4] She rightfully emphasizes the collective dimension of sin that "undergirds our structures of systemic oppression and evil," and she names seven deadly sins of white Christian nationalism that are "social, systemic and structural, not simply personal failures."[5]

Christian nationalism is an idolatry of a white supremacist national ideology that uses the Christian religion as its justification. Thus, it is fundamentally an apostasy that violates the first and the second of the Ten Commandments. This is akin to the devil's temptation of Jesus in which the devil demands that Jesus worship him in exchange for the kingdoms of the world, and Jesus replies by quoting the first commandment to worship God and serve only him.[6] "Sin is the seeking of our own will instead of the will of God, thus distorting our relationship with God, with other people, and with all creation."[7] Christian nationalism puts its sociopolitical ideology before the rightful worship of God and distorts our relationship with God. It is a wolf in sheep's clothing, "a disguise that passes (for many) for 'innocence' indeed, religious 'purity.'"[8] Therefore, the committee calls the Episcopal Church to stand against Christian nationalism, the gravest and the most dangerous sin of today.

Introduction

A deepest gratitude is expressed to the Presiding Bishop for this opportunity to work on this urgent and important issue and to all the members of the House of Bishops Theology Committee for their faithful work and contributions.

Respectfully submitted by the House of Bishops Theology Committee:

The Rt. Rev. Jennifer Baskerville-Burrows

The Rt. Rev. Larry R. Benfield

The Rt. Rev. Thomas Breidenthal

The Rt. Rev. R. Williams Franklin

The Rt. Rev. Carol Gallagher

The Rt. Rev. Shannon MacVean-Brown

The Rt. Rev. Gretchen Rehberg

The Rt. Rev. Allen K. Shin

The Very Rev. Dr. Michael Battle

The Very Rev. Dr. Kelly Brown Douglas

Dr. Stephen Fowl

The Rev. Dr. Craig Geevarghese-Uffman

The Rev. Dr. Altagracia Perez-Bullard

The Rev. Dr. Katherine Sonderegger

The Case Against Christian Nationalism

Ye are the light of the world.
A city that is set on a hill cannot be hid.

> *Matthew 5:14 (King James Version)*

The God of Israel is among us, when tenn of us shall be able to resist a thousand of our enemies, when hee shall make us a prayse and glory, that men shall say of succeeding plantacions: the lord make it like that of New England: for we must Consider that wee shall be as a City upon a Hill, the eies of all people are upon us.

> *John Winthrop, from a sermon written on board the* Arrabella, *on a passage from Great Britain to New England, 1630.*[9]

Lord God Almighty, in whose Name the founders of this country won liberty for themselves and for us, and lit the torch of freedom for nations then unborn: Grant that we and all the people of this land may have grace to maintain our liberties in righteousness and peace; through Jesus Christ our Lord, who lives and reigns with you and the Holy Spirit, one God, for ever and ever. Amen.

> *The Collect for Independence Day, The Book of Common Prayer, 1979.*[10]

THE CRISIS OF CHRISTIAN NATIONALISM

For four hundred years, the words of Matthew's gospel, directed toward Jesus's listeners as a part of the Sermon on the Mount, have been adopted by many people in the United States to support the belief that God has looked with a particular favor on the people who originally colonized and now live in the central part of North America. An early example was its use in a sermon by John Winthrop as he headed to America in 1630 to serve as first governor of the Massachusetts Bay Colony. Subsequent generations of political leaders, including presidents John F. Kennedy, Ronald Reagan, and Barack Obama, have called upon its imagery. It is alluded to in The Episcopal Church's Collect for Independence Day, with its image of a torch of freedom being lit by the founders of the United States. After all, torches as signals are lit on hills, on locations where they can be seen by all.

But four hundred years have also seen a troubling use of this saying of Jesus—as well as Winthrop's quote—as justification for Christian nationalism, a claim that fuses church and politics. Christian nationalism defines national identity in terms of membership in a particular form of Christianity.[11] It is a story often based on Anglo-Saxon exceptionalism, and it reflects the desire of certain groups of Christians and specific church-based institutions to turn toward the state to protect, support, and continue the structures to which its members have become so accustomed. Either consciously or subconsciously, those accustomed structures revolve around white supremacy, a systematic structuring of society to advance and maintain the interests, opportunities, and power of white people. It fuses the interests of the nation (or at least a portion of it) and the interests of God. It blurs the differences between being a good American and being a good Christian. It puts its faith in the state, not in the gospel.

The conflation of the Christian's role in society and the identity of what constitutes a good Christian in the context of living in a particular community and nation have led to an emphasis on exceptionalism and the maintenance of the status quo of white dominance, whether through direct action or silent complicity. Robert P. Jones, reflecting on surveys of Christian attitudes as well as his own formation, notes that "[a]fter centuries of complicity, the norms of white supremacy have become deeply and broadly integrated into white Christian identity, operating far below the level of consciousness. To many well-meaning white Christians today... Christianity and a cultural norm of white supremacy now often feel indistinguishable, with an attack on the latter triggering a full defense of the former."[12] This white Christian identity is often formed through the stories that people tell.

THE CRISIS OF CHRISTIAN NATIONALISM

Nationalism as a People's Story

People in a community have stories. These stories, in both word and action, convey information to the community about who counts as members, how persons relate to the community and its local government, and how each community relates to its neighboring communities. Likewise, in any nation, multiple peoplehood stories compete in telling the nation's story. Once again, these stories describe who counts as members, how persons and communities relate to the body politic and the state, and how the nation relates to its neighboring nations.

Competing peoplehood stories, also called *competing nationalisms,* negotiate which citizens in some respect own the nation's founding, its present, and its future. Nationalisms that respect the rights and liberties of all peoples and communities are rightly ordered, but they become disordered when they "divinize" a particular community within the nation and render its claims to power absolute while marginalizing or even demonizing others. This divinization of one group over another is *religious nationalism.* When done in the name of Christianity, it is *Christian nationalism.*

The idea of religious nationalism is not unique to the American experience. Such religious movements have been experienced across the world. For example, in the era of South African apartheid, that nation dealt with *state theology,* the theological justification of the status quo that misused theological concepts and biblical texts for a political purpose that "blesses injustice, (and) canonizes the will of the powerful," in part through an interpretation of Romans 13:1–7 that gives an absolute and divine right to the state.[13]

Christian Nationalism as a Disordered People's Story

As previously mentioned, peoplehood stories are disordered when they divinize a particular community within the nation. These stories become destructive when they proceed to invite the state to enforce by law the primacy of one of its constituent national communities over others. For example, the British imperialism that subjugated and exploited peoples on every continent was fueled in part by the unquestioned conviction that England was the New Israel, called by God to be the world's pedagogue, teaching the nations what it means to flourish as one people under God.

A similar disordered story is how the movement of Christian nationalism has gained traction in the United States. Its more moderate proponents have called George Washington the "American Moses"[14] and have asserted that Christian believers are to "reaffirm and reclaim our Christian educational heritage.... It begins with a willingness to become engaged in the battle."[15] Some of its followers have relied on statements such as the one by John Quincy Adams that the "birthday of the nation is indissolubly linked with the birthday of the Savior.... It laid the cornerstone of human government upon the first precepts of Christianity."[16] Its bolder proponents often justify violence if necessary to advance its extension.[17]

To understand what Christian nationalism is, it is important to understand what it is not. It is not Christian nationalism if a person's political values are shaped by the individual's Christian faith. The problem with Christian nationalism is not with Christian participation in politics, but rather the belief that there should be Christian *primacy* in politics and law.[18]

There are at least two varieties of Christian nationalism in the United States. The first, *church statism*, openly advocates theocracy: a government of, by, and for Christians, and ruled by scriptural mandates. The second variety, a colorblind *Judeo-Christian nationalism*, opposes theocracy, yet limits membership in the American people to those who embrace the primacy of Judeo-Christian culture.[19]

These disordered nationalisms—church statism and Judeo-Christian nationalism—require a response. It is not adequate only to think the right things, say thoughtfully worded prayers, or learn more about what troubles us about our society. Theological reflection should also lead to theologically based actions.

How Do We Respond?

A Biblical Response

A response to the destructiveness of Christian nationalism can begin with an understanding of the experience of communities in history that formed nations based on their own stories. For example, in Hebrew scripture, Israel's story narrates the liberation of its people, the calling and formation of them as a nation, and the conquest and settlement of a covenant nation. National identity and pride have often drawn on this archetypal story from Scripture. Every land that has been touched by the Bible, from England to the United States to South Africa, especially in times of crisis, reverts to the calling of Israel to be a holy nation before the Lord as a way to make sense of its situation.

But stories can be ordered or disordered, liberating or enslaving. Israel's scripture not only tells of its deliverance, but also tells of its judgment, its failure, the exile of its people, and its flourishing in lands far from home. No nation or empire exists apart from the all-powerful God. To recognize this truth is to place nation and empire within the biblical call to holiness. For Israel, as for the gentile nations, to be holy is ultimately to serve God above all things: to welcome and befriend the stranger, protect the resident aliens and do justly by them, feed the hungry and clothe the naked, reject deceit in trade and honor a just wage, release from debt and return land to the landless, honor treaties, shelter the orphan and widow, provide refuge even for the criminal, and restore the unclean to the clean. The people of God will participate in Jubilee. The story of what it means to be a holy nation—and the actions necessary become one—is a story that is just as relevant today as it was three thousand years ago. Unfortunately, the radicality of this word of Jubilee does not fail to offend.

There is also an example in the New Testament of how human ideas about nationalism and the superiority of one culture over another are often a false assurance. In an illuminating essay on the Flight into Egypt, Linda Stargel argues that the Slaughter of the Innocents is a story that runs counter to the often-assumed primacy of one culture over another, which is at the heart of religious nationalism. Through a singular episode in the life of Christ, the Flight underscores the complexity and unpredictability of nationhood and national identity throughout the Holy Scriptures. Whereas Egypt had once been the land of slavery and Israel the land of promise, under Herod Israel now represents danger, while Egypt in effect becomes the land of promise and safety.[20] The

Lord calls His Son out of Egypt (that is, Bethlehem) into safety and liberty in the Promised Land (that is, Egypt).

To be a nation under God is to take one's part in this complex interchange between covenant and the nations, to stand before a Holy God in good seasons and in evil days, to hear words of both promise and of judgment, and to seek to become a place where, as in the story of the Flight into Egypt, an immigrant child, in flight from murderous rage, may find refuge and rest. Nations that do this will be welcomed into the Heavenly City where healing will occur.

A Historical Anglican Response

People in the Anglican tradition should not confuse the rise of Christian nationalism with the rise of the nation-state, the latter being an idea that gained attention, at least in England, during the Reformation. Theologians at that time grappled with the concept of a nation-state as England was wresting control of its own church from foreign power. One such theologian was Richard Hooker (1554–1600), a major influence on John Locke and the framers of the U. S. Constitution, as well as the theologian chiefly responsible for Anglicanism as a theological construct.

Hooker's key ideas regarding nationhood can be found in his *Laws of Ecclesiastical Polity*.[21] He is led to the topic of nation as he considers why laws that differ from place to place may nevertheless be rooted in a more universal purpose, namely the securing of the conditions for human sociability, that is, for our need and capacity for peaceful and creative interaction with friend and stranger alike. Hooker insists that this need is what human nature boils down to.

In making this move, he is reaching behind the emerging nation-state of his time to a looser and much more fluid understanding of nations as relatively large collections of people that nevertheless are bound together by history, culture, and (sometimes) land, in ways that transcend distinctions of class, wealth, gender, and race. It is this idea of nation as an organic phenomenon distinct from politics or state that captures Hooker's imagination.

Hooker argues that the Church of England, as the church *in* England, does not exist by virtue of state decree, or even by some sort of self-invention, but by virtue of its participation in the whole body of Christ, which he in turn sees as a universal society grown from the bottom up in love. In its global reach, this universal society mirrors the connection that binds all human beings to one another. In its local expression, it is called to model this redeemed connection for the nation it inhabits. At the national level, the church should be helping the nation realize its potential as an incubator of what we, in the twenty-first century, might call beloved community.

Contemporary Responses to Christian Nationalism

We need tools with which to navigate the tension we experience when our primary identity and loyalty to the kingdom of God are in tension with our identity as members of our own families, cultures, and nations. This challenge is not new or particular to this day and age. In the early church, gentiles had to renounce their allegiance and their participation in the Roman army when they became Christians. Each generation must explore and renew its understanding of life in Christ in its moment in history.

Being equipped to live faithfully in the world requires intentional formation, engaged in regularly. It means identifying leaders capable of learning and walking with others as they learn new ways of being together in the intimate, life-transforming practices of discipleship. Some readily available tools include Sacred Ground sessions, theological dialogue, and a united public religious witness.

A Response: Sacred Ground

Many congregations have done the Sacred Ground dialogue series and can build on that experience for ongoing learning and exploration of issues of Christian identity. Using small groups, Sacred Ground invites participants to walk through chapters of the United States' history of race and racism, while weaving in threads of family story, economic class, and political and regional identity.

Materials from popular culture can be utilized, including films, books, and news stories, to explore the theological implications they present, reexamine the ways we were taught to think about Christian identity, and how we feel God is calling us to renew our minds and grow together as the body of Christ. We need concrete examples of how we are affected by and complicit in the death-dealing forces at play in our society. These examples will strengthen the connection between the baptismal covenant we profess and the way we live. This is especially true of our renunciation of evil, our commitment to support one another in our life in Christ, the ongoing formation described in our practices of learning, fellowship, communion, and prayer, our commitment to ministry in the world through proclamation, service, and working for justice and peace.[22]

A Response: Theological Dialogue

Mark Branson and Juan Martinez, working with leaders crossing cultural lines, provide a useful model for theological dialogue. It focuses on our "praxis" or conduct. This dialogue is essential for exploring and experimenting with new ways to conduct our lives. They write, "In order to shape an appropriate praxis for leaders and congregations, we propose five interactive steps for theological reflection. It is important that leaders engage these steps as personal, reflective work and with a team that participates in awareness, study, reflection, and discernment, all toward new praxes."[23]

> Step 1: Name and describe your current praxis . . . starting with the knowledge and perspective of those interested, seeking to include diverse voices for a broader view of how a particular issue or practice has been lived into.
> Step 2: Analyze your praxis and context, using the resource of your context and culture.
> Step 3: Study and reflect on Christian texts and practices.
> Step 4: Recall and discuss stories from your church, your own lives, and others in your community concerning the praxis under review.

Step 5: Corporately discern and shape your new praxis through imagination, prayer, experiments, and commitments.[24]

Whatever process is employed, it is important to provide an opportunity to name the specific aspect of Christian identity being reflected upon. After sharing personal understandings, these aspects of our identity are examined in light of Scripture, the Book of Common Prayer, and other resources of our tradition, as well as resources from the social and natural sciences. The discussion is most fruitful when some action is identified that will support continued learning for the group.

A Response: United Religious Public Witness

"Hope is the power to keep focusing on the larger vision while taking the small, often undramatic, steps toward that future."[25] Nothing could be more relevant and more necessary for the current Western world's moment of crisis than the Christian message of hope. The Episcopal Church has its own steps by which it expresses its hope for the future, as in the language used in the celebration of the Holy Eucharist within the walls of its churches. But there is also the hope that is expressed through participation in public life as people of faith publicly renounce the evil powers of the world that corrupt and destroy the creatures of God[26] and work for the day "when barriers which divide us may crumble, suspicions disappear, and hatreds cease."[27] People across so-called religious divides are doing this public work, as seen in the following examples.

An example in Pennsylvania: Power Interfaith (Faith in Action in Pennsylvania) did a bus tour to twenty-one cities around the state: Christians, Jews, and Muslims going into parts of the state of Pennsylvania that could be hostile to the message that Christian nationalism is wrong. "We were showing a level of unity and showing a level of camaraderie that I think people are ultimately longing for and have been told cannot exist outside of the white race. And so we were modeling that for them,"[28] said Joe Flemming, a faith-based community organizer interviewed by the Bishop of Vermont.

An example in the Northwest United States: A disordered nationalism is sometimes centered on religion and at other times centered openly on racism. For example, in the Diocese of Spokane, situated in the inland northwest of eastern Washington and north Idaho, among the most pressing cultural and social issues are those that purposely divide one group from another.

The Aryan Freedom Network, a white supremacist group, at a gathering in March 2022, in Hayden Lake,

Idaho, stated that part of its purpose was to identify "things we can do to make our communities a little better." That a poster for this event included a swastika and the words "keep Idaho white" showed clearly that its vision for "a little better" was one that was in opposition to both the ideals expressed in the United States Declaration of Independence and enshrined in the Constitution, as well as the values of Christianity.

In response, to counter this disordered view of nationalism, area religious judicatory leaders, including the Bishop of Spokane, issued a statement, which included the following:

> To state the obvious, the very notion of white supremacy depends upon the narrative of anti-blackness and all people of color. As Christians, we cannot support anything that denies the fundamental nature of the beloved community Christ calls us into, a Beloved Community that knows all as beloved of God and siblings to each other. We reject all forms of white supremacy and pledge to continue to actively speak and work against the structures that enable the quiet complicacy in and tolerance for such practices. We pledge to actively work for that day when all are seen, valued, honored, and respected as children of God.[29]

The religious leaders quoted here want the nation-state to become a better version of itself, because to do so brings a day when all people are respected, a day when the *shalom* of sacred Scripture is achieved, a day of civic welfare. As Jeremiah told the exiles in Babylon, "Seek the welfare of the city where I have sent you into exile, and pray to the Lord on its behalf, for in its welfare you will find your welfare." (Jeremiah 29:7, NRSV)

What it Means to Be a City upon a Hill

The sermon that John Winthrop wrote on his voyage to America was not centered on Anglo-Saxon exceptionalism or a desire to hold up the new dwellers in America as better than other people. Rather, his reminder to his fellow travelers was that the eyes of the world would be upon them to see if they lived up to the model of Christian charity that his sermon laid before them. More than once, he reminded his listeners of the golden rule of Matthew 7:12, that they do unto others as they would wish done to them.[30] He reminded them that if they were to seek greatness for themselves, God would force them to pay a price. Instead, they were to follow the counsel of the prophet Micah to do justly, love mercy, and walk humbly with God.

Being a city on a hill was therefore a responsibility, not a right. As Winthrop stated at the end of his sermon, if their hearts turn away and they do not obey, if they are seduced by their own pleasures and profits, they would perish out of the good land toward which they journeyed.[31] Christian nationalism, which indeed seduces people away from justice and mercy and humility, will eventually lead to destruction. The call of the church in the twenty-first century is to proclaim in fresh ways what it truly means to be a light to the world and a city on a hill so that all people will be valued, honored, and respected.

A Bibliography for Further Reading

Braunstein, Ruth. *Prophets and Patriots: Faith in Democracy across the Political Divide.* 1st ed. Oakland, CA: University of California Press, 2017.

———. "A (More) Perfect Union? Religion, Politics, and Competing Stories of America." *Sociology of Religion* 79(2): 172–95, 2018. https://doi.org/10.1093/socrel/sry013.

———. "The 'Right' History: Religion, Race, and Nostalgic Stories of Christian America." *Religions* 12(2): 95, 2021. https://doi.org/10.3390/rel12020095.

Brubaker, Rogers. "Between Nationalism and Civilizationism: The European Populist Moment in Comparative Perspective." *Ethnic and Racial Studies* 40(8): 1191–1226, 2017. https://doi.org/10.1080/01419870.2017.1294700.

———. "Why Populism?" *Theory and Society* 46(5): 357–85, 2017. https://doi.org/10.1007/s11186-017-9301-7.

———. "Populism and Nationalism." *Nations and Nationalism* 26(1): 44–66, 2020. https://doi.org/10.1111/nana.12522.

Calhoun, Craig. *Nationalism*, 1st ed. Minneapolis: University of Minnesota Press, 1998.

———. *Nations Matter: Culture, History and the Cosmopolitan Dream*, 1st ed. Routledge Press, 2007.

———. "The Rhetoric of Nationalism." In *Everyday Nationhood: Theorising Culture, Identity, and Belonging after Banal Nationalism*, edited by Michael Skey and Marco Antonsich, 1st ed. New York: Palgrave Macmillan, 2017.

Gorski, Philip S. *American Covenant: A History of Civil Religion from the Puritans to the Present*. 2nd ed. Princeton: Princeton University Press, 2019.

———. *American Babylon: Christianity and Democracy Before and After Trump*. 1st ed. New York: Routledge Press, 2020.

———. "Revisited: Why Do Evangelicals Vote for Trump?" *The Immanent Frame* (blog). December 15, 2020. http://tif.ssrc.org/2020/12/15/revisited-why-do-evangelicals-vote-for-trump/.

Gorski, Philip S., Samuel L. Perry, and Jemar Tisby. *The Flag and the Cross: White Christian Nationalism and the Threat to American Democracy*. New York: Oxford University Press, 2022.

Haden, Kyle Edward. *Embodied Idolatry: A Critique of Christian Nationalism.* London: Lexington/Rowman & Littlefield, 2020. Academic text dealing with some of the issues.

Heyward, Carter. *The Seven Deadly Sins of White Christian Nationalism: A Call to Action*. Lanham, Maryland: Rowman & Littlefield, 2022.

Li, Ruiqian, and Paul Froese. 2023. "The Duality of American Christian Nationalism: Religious Traditionalism versus Christian Statism." *Journal for the Scientific Study of Religion*. August 2023. https://doi.org/10.1111/jssr.12868.

Lupfer, Jacob. "Evangelicals and Trump: ReAwaken America Shows Us Who Changed Whom." 2022. *Religion News Service* (blog). October 31, 2022. https://religionnews.com/2022/10/31/evangelicals-and-trump-reawaken-america-shows-us-who-changed-who/.

Mikoski, Gordon S. *Baptism and Christian Identity: Teaching in the Triune Name.* Grand Rapids, Michigan: William B. Eerdmans, 2009. Academic text dealing with some of the issues.

Smith, Anthony D. *Chosen Peoples: Sacred Sources of National Identity.* 1st ed. Oxford, UK: Oxford University Press, 2004.

———. *Ethno-Symbolism and Nationalism: A Cultural Approach.* 1st ed. New York: Routledge Press, 2009.

———. *Nationalism: Theory, Ideology, History.* 2nd ed. Cambridge, UK: Cambridge: Polity, 2013.

———. *Nations and Nationalism in a Global Era.* 1st ed. Cambridge, UK: Cambridge: Polity, 2013.

———. *The Nation in History: Historiographical Debates about Ethnicity and Nationalism.* 1st ed. Cambridge, UK: Cambridge: Polity, 2013.

Smith, Jesse, and Adler, Gary J. "What *Isn't* Christian Nationalism? A Call for Conceptual and Empirical Splitting." *Socius: Sociological Research for a Dynamic World* 8 (January 2022). https://doi.org/10.1177/23780231221124492.

Smith, Rogers M. *Political Peoplehood: The Roles of Values, Interests, and Identities.* Reprint ed. Chicago: University of Chicago Press, 2015.

———. "America's Case of Forgotten Identity." *Boston Review* (blog). June 12, 2017. https://www.bostonreview.net/articles/rogers-m-smith-national-identity/.

———. *That Is Not Who We Are!: Populism and Peoplehood.* New Haven, CT: Yale University Press, 2017.

Smith, Rogers M., Will Kymlicka, Nora Hui-Jung Kim, Terri Susan Fine, John O'Keefe, Kerry Wynn, and Susan L. T. Ashley. *Representation and Citizenship.* Edited by Richard Marback. Detroit, Michigan: Wayne State University Press, 2016.

Smith, Steven B. *Reclaiming Patriotism in an Age of Extremes.* New Haven, CT: Yale University Press, 2021.

Stroope, Samuel, Paul Froese, Heather M. Rackin, and Jack Delehanty. 2021. "Unchurched Christian Nationalism and the 2016 U.S. Presidential Election." *Sociological Forum* 36(2): 405–25, June 2021. https://doi.org/10.1111/socf.12684.

Stroope, Samuel, Heather M. Rackin, and Paul Froese. "Christian Nationalism and Views of Immigrants in the United States: Is the Relationship Stronger for the Religiously Inactive?" *Socius: Sociological Research for a Dynamic World.* February 16, 2021. https://journals.sagepub.com/doi/full/10.1177/2378023120985116

Taylor, Matthew, and Brad Onishi. "January 6th and the New Apostolic Reformation." *Charismatic Revival Fury.* December 5, 2022. https://podcasts.apple.com/us/podcast/charismatic-revival-fury-ep-1-january-6th-and-the/id1441649707?i=1000588776189.

Volpe, Medi Ann. *Rethinking Christian Identity: Doctrine and Discipline.* Chichester, UK: Wiley-Blackwell, 2013. Academic text dealing with some of the issues.

Wee, Paul A. *American Destiny and the Calling of the Church.* Minneapolis: Augsburg Fortress, 2006. A Lutheran reflection on some of the issues.

Whitehead, Andrew L., and Perry, Samuel L. *Taking American Back for God: Christian Nationalism in the United States.* New York: Oxford University Press, 2022.

Williams, Rowan. *Being Christian: Baptism, Bible, Eucharist, Prayer.* Grand Rapids, Michigan: William B. Eerdmans, 2014. A resource useful for small formation group reflection.

———. *What Is Christianity? A Little Book of Guidance.* London, UK: SPCK, 2015. A resource useful for small group reflection.

Yancy, George, and Bywather, Bill, eds., *In Sheep's Clothing: The Idolatry of White Christian Nationalism.* Lanham, Maryland: Rowman & Littlefield, 2024.

Notes

1. *The Book of Common Prayer* (New York: The Seabury Press, 1979), p. 820.
2. Allen Shin and Larry Benfield, eds., *Realizing Beloved Community* (New York: Church Publishing, 2022) p. 21.
3. Andrew L. Whitehead and Samuel L. Perry, *Taking America Back for God: Christian Nationalism in the United States* (Oxford University Press, 2022) p. x.
4. Carter Heyward, *The Seven Deadly Sins of White Christian Nationalism: A Call to Action* (Lanham, Maryland: Rowman & Littlefield, 2022), p. 44.
5. Ibid., p. 45.
6. Matthew 4:8–10, Luke 4:5–8.
7. *The Book of Common Prayer*, p. 848.
8. George Yancy and Bill Bywater, eds., *In Sheep's Clothing: The Idolatry of White Christian Nationalism* (Lanham, Maryland: Rowman & Littlefield, 2024), p. 7. This collection of essays gives voice to Christianity's countervoice, one predicated upon love, and its effectiveness to resist not just deep political pro-white forces at work, but also its capacity to focus emphasis upon Christian love.
9. John Winthrop, "A Modell of Christian Charity," in *American Sermons* (New York: The Library of America, 1999), p. 42.
10. *The Book of Common Prayer*, p. 242.

11. Philip S. Gorski, Samuel L. Perry, and Jemar Tisby, *The Flag and the Cross: White Christian Nationalism and the Threat to American Democracy* (Oxford University Press, 2022).

12. Robert P. Jones, *White Too Long: The Legacy of White Supremacy in American Christianity* (New York: Simon & Schuster, 2020), p. 10.

13. John W. DeGruchy and the Kairos Theologians, *The Kairos Document: Challenge to the Churches* (Grand Rapids, Michigan: William B. Eerdmans, 1986).

14. Richard G. Lee, *The American Patriot's Bible* (Nashville: Thomas Nelson, 2009), p. 64.

15. Lee, p. 628.

16. John Quincy Adams, "Speech on Independence Day, 1837," in *Teaching American History*, https://teachingamericanhistory.org/document/speech-on-independence-day-2

17. Gorski, Philip S., *American Covenant: A History of Civil Religion from the Puritans to the Present*, 2nd edition (Princeton: Princeton University Press, 2019).

18. David French, "What Is Christian Nationalism, Exactly," in *The New York Times*, https://www.nytimes.com/2024/02/25/opinion/christian-nationalism.html

19. Ruth Braunstein, "The 'Right' History: Religion, Race, and Nostalgic Stories of Christian America," *Religions* 12 (2): 95, 2021. https://doi.org/10.3390/rel12020095

20. Linda Stargel, "Exodus in Matthew's Looking Glass," in *Horizons in Biblical Theology* 43(2) (August 2021): 166–186.

21. Richard Hooker, *The Laws of Ecclesiastical Polity* (Oxford, UK: Clarendon Press, 1874), Book 1, ch. 10.

22. The Book of Common Prayer, pp. 302–305.
23. Mark Lau Branson and Juan F. Martinez, *Churches, Cultures and Leadership: A Practical Theology of Congregations and Ethnicities*, 2^{ne} edition (Downers Grove, Illinois: InterVarsity Press, 2023), pp. 38–40.
24. Branson and Martinez, pp. 38–40.
25. Mitri Raheb, *Faith in the Face of Empire: The Bible through Palestinian Eyes* (Maryknoll, New York: Orbis Books, 2014), p. 129.
26. The Book of Common Prayer, p. 302.
27. The Book of Common Prayer, p. 823.
28. Shannon MacVean-Brown, "Transcript of Interview with Joe Flemming, faith-based community organizer," 2024.
29. Gretchen Rehberg et al., "Letter to the Editor," *The Spokesman-Review* (March 2, 2022).
30. Winthrop, p. 33.
31. Winthrop, pp. 42, 43.

Study Guide

Baptism requires us not only to renounce Satan, but also to renounce the evil powers of this world and all sinful desires that draw us from the love of God. Christian nationalism, with its divinization of a particular community within the nation, is an example of both evil power and sinful desire. What can Christians do to combat it? After all, the baptismal covenant of the Episcopal Church invites Christians not only to repent and turn to the Lord, but also to strive for justice and peace among all people and respect the dignity of every human being.

This study guide is provided to encourage further theological reflection and conversation on Christian nationalism; to explore ways to respond to the threat of this "sinful movement," as the Rev. Dr. Carter Heyward has described it; and to take concrete actions in local congregations and communities.

Many thanks go to the Rev. Dr. Patrick Cheng for his assistance with developing the questions for this study guide and to the Rev. Dr. Carter Heyward, whose book, *The Seven Deadly Sins of White Christian Nationalism*, has inspired important theological insights and some questions for this guide.

From the Foreword

Presiding Bishop Michael stated, "It is always a dangerous thing to mix up our priorities, whether on the personal level or the national level."

Why is it a dangerous thing to mix up our priorities with respect to God and country?

From the Introduction

In her book The Seven Deadly Sins of White Christian Nationalism, *Carter Heyward describes Christian nationalism as "a sinful movement" and not simply "personal failures."*

Why does Heyward view Christian nationalism as a sinful movement with a collective dimension?

Christian nationalism is an idolatry of a white supremacist national ideology that uses the Christian religion as its justification.

What is the connection between Christian nationalism and white supremacy?

Why is Christian nationalism a form of idolatry and a violation of the first and second of the Ten Commandments (BCP, pp. 317–18, 350)?

How does Christian nationalism distort our relationship with God?

Why is Christian nationalism the "gravest and most dangerous sin of today?"

From the Opening

Ye are the light of the word. A city that is set on an hill cannot be hid. (Matthew 5:14 KJV).
How has the biblical reference to "a city that is set on an hill" been used to justify Christian nationalism in the United States?

Christian nationalism defines national identity in terms of membership in a particular form of Christianity.
What is a basic definition of Christian nationalism?

Christianity and a cultural norm of white supremacy now often feel indistinguishable, with an attack on the latter triggering a full defense of the former.

What are examples in which an attack on the cultural norm of white supremacy has triggered a full defense of white Christian nationalism?

From Nationalism and a People's Story

Multiple peoplehood stories compete in telling the nation's story.

When do competing "peoplehood stories" become disordered?

How was "State Theology" used in the era of South African apartheid, and how might it be seen in Christian nationalism today?

From Christian Nationalism as a Disordered People's Story

England was the New Israel, called by God to be the world's pedagogue, teaching the nations what it means to flourish as one people under God.

What is the connection between England as the New Israel and British imperialism?

The problem with Christian nationalism is not with Christian participation in politics, but rather the belief that there should be Christian primacy in politics and law.

What should Christian participation in politics look like?

How would you define and distinguish the two varieties of Christian nationalism in the United States: (1) church statism and (2) Judeo-Christian nationalism? Do you have examples of each?

From a Biblical Response

The story of what it means to be a holy nation—and the actions necessary become one—is a story that is just as relevant today as it was three thousand years ago.

How might the "calling of Israel to be a holy nation before the Lord" be ordered and liberating, particularly with respect to our treatment of the stranger and those in need?

How might the story of the Flight into Egypt in Matthew's gospel challenge our false assumptions about the primacy, or superiority, of one culture over another?

From A Historical Anglican Response

Hooker argues that the Church of England, as the church in England, does not exist by virtue of state decree or even by some sort of self-invention, but by virtue of its participation in the whole body of Christ.

How was Hooker's idea of nationhood as an "organic phenomenon" different from the notion of the emerging nation-state of his time?

At the national level, the church should be helping the nation realize its potential as an incubator of what we, in the twenty-first century, might call beloved community.

What should be the relationship between the church and the "beloved community" in the twenty-first century?

From Contemporary Responses to Christian Nationalism

What are some tools that can help "equip us to live faithfully in the world"?

From a Response: *Sacred Ground*

Sacred Ground invites participants to walk through chapters of the United States' history of race and racism, while weaving

Study Guide

in threads of family story, economic class, and political and regional identity.

How might Sacred Ground and other materials from popular culture be used to respond to the threat of Christian nationalism?

Examples can strengthen the connection between the baptismal covenant we profess and the way we live.

What are some concrete examples of strengthening the connection between the baptismal covenant and the way we live?

What parts of the baptismal covenant resonate the most with you?

From a Response: Theological Dialogue

What are the five steps of Branson and Martinez's model for theological dialogue?

How might you incorporate Branson and Martinez's model for theological dialogue in your own parish or community?

How does the ways in which you do things in your congregation/organization (praxis) reflect a conflation or blurring of the Christian faith and nationalism? Name some examples and how these practices might be changed or clarified in a Christian context.

From a Response: United Religious Public Witness

Hope is the power to keep focusing on the larger vision while taking the small, often undramatic, steps toward that future.

How might a united public religious witness be a way of responding to the threat of Christian nationalism?

How can hope be found through the participation in public life by people of faith?

How do the examples cited from Pennsylvania and the Diocese of Spokane serve to reinforce the message of Christian hope?

From What It Means to be a City Upon a Hill

Being a city on a hill was therefore a responsibility, not a right.

How did Winthrop use the golden rule in his sermon to show that being a city on a hill was a responsibility, not a right?

Study Guide

Further General Questions

What is the threat of white Christian nationalism to nations and Christianity, particularly in the United States?

What factors are contributing to Christian nationalism's strength and timeliness?

Is it possible to be a patriotic Christian? If so, how?

How should Christians encourage one another to be bold in faith? In patriotism?

A Case Study

Faith-based community organizing is one way of coalescing the power of community to make policy changes that enhance individual lives and their community, build relationships and connections, bring the voices and concerns of the marginalized people to the center, affirm and enhance diversity in communities and organizations, and ground this justice work in an inter-religious and ecumenical context.

Faith-based community organizing relies on God's creative expression as diverse coalitions of people come together to amplify their power to build beloved community. The embodied diversity of these organizations themselves is an intentional stance against the ideologies of Christian nationalism. It is an integration of what we say we believe in our baptism and what we say we want our society to be. It puts our Christian identity at the center, connecting the baptismal covenant with the way we live.

Here is a case study of how the Episcopal Church in the Diocese of Spokane has recently addressed Christian nationalism. What do you find commendable about the approach it took? What would you have done differently?

Confronting Christian Nationalism in the Diocese of Spokane

by the Rt. Rev. Gretchen Rehberg

In the Diocese of Spokane, situated in the inland northwest of eastern Washington and north Idaho, we believe that among the most pressing cultural and social shifts affecting our congregations are those that divide us from one another and from those in our communities. Our large geographical area includes rural expanses punctuated by small communities and resort areas; a few larger towns centered around higher education, agriculture, and government research; and the urban center of Spokane, Washington. Areas of our diocese have a history of white supremacy that is being renewed in the Christian nationalism movement. Other areas, particularly those dominated by agriculture, have populations that are well over fifty percent Hispanic/Latino. Election results across the diocese paint a deeply purple landscape, and the social and political divisions have increased as a result of the cultural dynamics of the Covid-19 pandemic. In northern Idaho in particular, we are experiencing concerted efforts to advance Christian nationalism and "keep Idaho white," a slogan on a poster for a recent rally, a poster that also featured a swastika. The road to the diocesan church camp travels right past a posted militia compound with white supremacy posters.

Many of the social and cultural divides we experience predate Covid-19. Divisions of race, socioeconomic status, cultural heritage, and political perspective have deep roots in the history of the geographic area comprising the Diocese of Spokane. Over the last seven years in particular, political upheavals, a new awareness of the impact of racism on people of color, and the pandemic served to bring these divisions to the surface. Unfortunately, rather than exposing them for repair and healing, long-standing divisions have been exacerbated, sometimes intentionally. Differences in cultural background and race are being used as weapons to dehumanize the "other." Differences in political viewpoints serve to divide friends, families, and communities not just on issues of politics, but on practices of public health, public education, and community life. And these are just the surface manifestations of these divides. The deep wounds are still there. In our context, one of the insidious ways we experience these social and cultural shifts is through the activity of white Christian nationalist organizations. It is a significant concern for Christians who reject their ideology and want to reclaim the triune God of the Gospels as the heart of Christianity.

We believe that as disciples of Jesus, we and our congregations need to address the forces that are working to create, maintain, and exacerbate divisions between people and communities. At the same time, our congregations have admitted real reluctance to address such forces and issues, in large part out of fear, fear of even more divisions and loss of members in the congregation, fear of retaliation and violence by others. Our clergy reports that attempts to preach on systemic racism or white nationalism invariably lead to accusations of being political.

The diocese finished a strategic planning process in the fall of 2021 that included a strategic target of a diocesan culture of "listening, learning, and developing where we are curious and courageous." From this we have had as a goal to increase the number of people in our diocese who have participated in Sacred Ground, asking all clergy and all who are involved in the diocesan leadership to participate, as well as having regular offerings by Zoom on the diocesan level. New circles started on a regular basis. Our beloved community working group has taken this on as one of their main tasks. We have good participation currently on the diocesan level, resulting in a number of congregations asking what is the next faithful step for them to take.

In the fall of 2021 we saw a "concerned citizens" rally, with the slogan of "keep Idaho white" and a swastika on the poster, held in Hayden Lake, a town in Idaho that had dealt with a white supremacist compound in the 1990s. As bishop of the Diocese of Spokane, I worked with other judicatory leaders in the area to write a letter addressing the sin of white supremacy, which was signed by five denominational leaders. This letter stated:

> We read with great dismay that the Aryan Freedom Network, a white supremacist group, is having a gathering on March 12 at Hayden Lake and has said that part of their purpose is to identify "things we can do to make our communities a little better." That a poster for this event includes a swastika and the words "keep Idaho white" shows clearly that their vision for "a little better" is one that is in opposition to both the American ideals expressed in our Declaration of Independence and enshrined in our Constitution, and totally against the values of Christianity. While this is not a "Christian nation" and we fully celebrate religious freedom for all, as leaders of Christian

communities that include north Idaho, we stand united in opposition to this blatant white supremacy and urge everyone to stand united against such activities. To state the obvious, the very notion of white supremacy depends upon the narrative of anti-blackness and all people of color. As Christians, we cannot support anything that denies the fundamental nature of the beloved community Christ calls us into, a Beloved Community that knows all as beloved of God and siblings to each other. We reject all forms of white supremacy and pledge to continue to actively speak and work against the structures that enable the quiet complicity in and tolerance for such practices. We pledge to actively work for that day when all are seen, valued, honored, and respected as children of God.

The Episcopal congregation in Coeur d'Alene, the closest to Hayden Lake, engaged in working with other denominations to hold workshops on challenges and issues facing northern Idaho, which included looking at the issues of racism. The priest there has been working on helping the congregation around the challenges of civic engagement with difficult topics. That same congregation was at the Pride Day event in 2022 that had twenty-one armed men arrested who arrived in a

Confronting Christian Nationalism in the Diocese of Spokane

white van for a counterprotest. The congregation is facing the real question of how to act when there are threats of armed violence.

In the summer of 2022, a "ReAwaken America" event was scheduled for Post Falls, a town in Idaho just west of Spokane. At this point I wrote a pastoral letter to the diocese, which was then picked up by the local media and run as a guest editorial, that stated:

> There is a growing danger of Christian nationalism in this country. Christian nationalism is heresy for Christians, and dangerous rhetoric for all Americans. To state that is not a denial of Christianity, or a denigration of patriotism, rather the call to a proper relationship between Church and State. As a follower of Jesus my faith teaches me to call all humans my family, Jesus teaches me that my connections to others transcends political party labels and country citizenship. I am not allowed to dismiss others on the basis of skin color, country of origin, or religion. As an American I believe in the protections embedded in our Constitution and Bill of Rights for all people to freely practice their religion, or indeed no religion. Christian nationalism is not about a particular political party, it is about the claiming of one particular understanding of

Christianity as the only true faith and one form of political understanding as the only way to live. To equate Christianity with loyalty to any nation is heresy. To claim that our nation is "Christian" is to fundamentally misunderstand, or deliberately choose to ignore, the realities of our Constitution.

The ReAwaken America event coming to Post Falls is not an event of the Republican Party; if it was, I would not say anything. Whether I am a Republican or Democrat or Green or Independent is irrelevant, all political parties are freely able to engage in the public sphere. This event, however, is a Christian Nationalist event. It is wrapping the flag and the cross together in a way that misappropriates both. God is not in any political party, and it is wrong of any political party, or any country, to claim that God is on their side.

As a follower of Jesus I am called to love my enemies, pray for those who persecute me, do good to those who harm me, bless those who curse me (Luke 6:26–28). I will be praying for all who are speaking at and attending the ReAwaken America event. I am convinced that the majority of those who will attend are people who are trying to be faithful followers of Jesus and good Americans. The organizers, however, will use the language of fear and God to cast those who disagree as "enemies" and will seek to only increase the divisions in this country. They do not seek to bring unity but division. I wonder what their real motivation is, and wonder "who profits" in our divisions? I urge everyone to listen carefully to the words used and ask if those words would ever be heard in the Gospels. Words that exclude and demonize those who disagree are not the words of Jesus.

For too long the mainline Christian churches have stayed silent in the public sphere, preferring to simply work for justice by quiet actions in our communities. We have ceded the public sphere to the louder Christian voices, voices that seldom sound like Jesus. The time for silence is long gone, and indeed never was. Those of us who claim the faith of Jesus must be willing to speak up when we see the gospel being co-opted for political gain.

As an American I am a believer in the power of representative democracy with a robust exchange of ideas and the need to learn from each and compromise for the sake of the common good. We need all of our political parties to return to the days when people with different viewpoints were not considered enemies but simply people with differing understandings of the best way to approach common problems. The increasing rhetoric of division is a danger to our country.

As a follower of Jesus, I have a higher allegiance than any one country, and a citizenship that is beyond this country. I cannot sit by quietly when the faith is wrapped up in the flag. Christianity was here long before the U.S. came to be a country, and will be here long after we have colonized space.

In this time, I invite all of us, of every political party, of every faith and not faith, to study the truth of Christian nationalism and to be active in speaking against it.

The danger of Christian nationalism was made much more clearly front and center to us in the diocese by these two events, and the need for more education and action was clear. A small group worked with Faithful America and its director, the Rev. Nathan Empsall, a priest currently canonically resident in this diocese, to plan a response to the ReAwaken America event. This included having a webinar to learn more about appropriate responses to Christian nationalism by the group Christians against Christian Nationalism. From this work we, along with other ecumenical and faith traditions, offered a peaceful witness, not near the rally, but at the same time as the rally, and it drew television and print media reports. We were pleased that the local broadcast television stations gave equal time to our witness against Christian nationalism as they did to the ReAwaken America tour. The mayor of Coeur d'Alene, the largest town in northern Idaho, met with me and expressed his dismay with what was happening politically in his area, along with his frustration that his own Roman Catholic bishop was not speaking up.

From these events our diocese has increased our commitment to the work of education about and action countering white nationalism and white Christian nationalism. We have recently submitted a grant request to enable us to work intensely in this area with cohort groups of congregations. We also recognize that we will need to overcome the idea among many that when we speak out against systemic racism or Christian nationalism we are speaking against one particular political party. We will need to increase our own willingness to be uncomfortable, to learn truths that are hard to face about our own complicity in systemic racism and Christian nationalism. A simple example of our perhaps inadvertent complicity in Christian nationalism is having a U.S. flag in our churches. I have been clear that I do not believe that flags belong in churches, but I have not forbidden them. The diocese will also need to be willing to accept increased losses in our membership when those who are too uncomfortable with this work leave us. In a time of diminishing numbers this will be hard for some.

Our commitment to confront the sin of systemic racism and Christian nationalism also must go hand in hand with our commitment to the work of building bridges and healing divisions. At the same time, we are not called to engage with people who are unwilling to engage with us. We recognize that this work will not be quick, and we believe that by learning about our own complicity, by working to confront Christian nationalism and systemic racism, and by working with allies in this endeavor, we will be able to make a significant difference in our communities and congregations.

La crisis del nacionalismo cristiano

Prefacio

En la película de 1981 *Carros de fuego*, hay una escena impactante en la que uno de los principales protagonistas, Eric Liddell, es confrontado por el Comité Olímpico Británico por su negativa a correr en domingo debido a su fe. Lord Cadogan lo critica airadamente y proclama: «En mis tiempos, primero era el rey y después Dios», a lo que el duque de Sutherland, otro miembro del comité responde: «Sí, y la guerra para poner fin a todas las guerras probó acerbamente tu argumento».

Siempre es peligroso mezclar nuestras prioridades, ya sea en el ámbito personal o nacional. Para quienes nos atrevemos a llamarnos seguidores de Jesús de Nazaret, el desafío es cómo ordenar nuestras prioridades para poner a Dios en primer lugar. «Dad al César lo que es del César, y a Dios lo que es de Dios» (Marcos 12:17) nos permite ser patriotas y amar a nuestra patria, pero no anteponerla al Dios que está sobre todas las naciones y que Isaías dice: «Él anula a los poderosos y a nada reduce a los gobernantes de este mundo» (Isaías 40:23).

Los que seguimos a Jesús de Nazaret estamos llamados individualmente y como Iglesia a vivir su

Camino del Amor. Como dijo el Dr. King en el primero de sus diez mandamientos para la no violencia: «Medita diariamente en las enseñanzas y la vida de Jesús». Más aún, a veces esto significa pedir a nuestro país que rinda cuentas de sus palabras y acciones, no por falta de amor hacia él, sino porque lo amamos lo bastante como para señalar sus fallas. Edmund Burke, filósofo y miembro del Parlamento británico del siglo XVIII, al observar los excesos de la revolución francesa, comentó: «Para que amemos a nuestro país, nuestro país debe ser amable».

El siguiente documento creado por el Comité de Teología de la Cámara de Obispos ofrece respuestas tanto profundas como prácticas al nacionalismo cristiano que hoy amenaza el alma de nuestro país. Es porque amamos a Dios, y es porque amamos a nuestro país, que queremos responder de manera sana, santa y verdadera. Recomiendo este estupendo trabajo a todos los episcopales, congregaciones y diócesis y, ciertamente, a todas las personas de buena voluntad que procuran la Bendita Comunidad.

El Rvdmo. Michael B. Curry
Ex Obispo Primado de la Iglesia Episcopal

Comité de Teología de la Cámara de Obispos (2022-2024)

Obispos/Obispas contribuyentes

La Rvdma. Jennifer Baskerville-Burrows
Obispa, Diócesis de Indianápolis

El Rvdmo. Larry R. Benfield
Obispo retirado, Diócesis de Arkansas

El Rvdmo. Thomas E. Breidenthal
Obispo retirado, Diócesis del Sur de Ohio

El Rvdmo. R. William Franklin
Obispo retirado, Diócesis del Oeste de Nueva York
Obispo Asistente, Diócesis de Long Island

La Rvdma. Carol Gallagher
(Cherokee) Obispa Asistente, Diócesis de Massachusetts

La Rvdma. Shannon MacVean-Brown
Obispa, Diócesis de Vermont

La Rvdma. Gretchen Rehberg
Obispa, Diócesis de Spokane

El Rvdmo. Allen K. Shin, El presidente
Obispo Sufragáneo, Diócesis de New York

Teólogos/Teólogas contribuyentes

El Muy Revdo. Dr. Michael Battle
Profesor Extraordinario, Centro Desmond Tutu para Religión y Justicia Social
Facultad de Artes y Humanidades, Universidad de Western Cape, Sudáfrica

La Muy Revda. Dra. Kelly Brown Douglas
Exdecana de Episcopal Divinity School
Teóloga Canóniga, Catedral Nacional, Washington DC
Teóloga en Residencia, Trinity Church Wall Street

Dr. Stephen Fowl
Decano de Church Divinity School of the Pacific

El Revdo. Dr. Craig Geevarghese-Uffman
Sacerdote de la Diócesis de Rochester
Escritor y podcaster para la Misión Humanista Cristiana

La Revda. Dra. Altagracia Pérez-Bullard, Copresidente
Decana Asociada de Ministerios Multiculturales y
Profesora asistente de Teología Practica, Virginia Theological Seminary

La Revda. Dra. Katherine Sonderegger
Catedrática de Teología Sistemática, Cátedra William Meade, Virginia Theological Seminary

Introducción

Oración por la patria
Omnipotente Dios, que nos has dado esta buena tierra por heredad: Humildemente suplicamos tu ayuda para mostrarnos siempre como un pueblo reconocido de tu favor y gozoso de hacer tu voluntad. Bendice nuestro país con labor honorable, conocimiento íntegro y costumbres virtuosas. Guárdanos de toda violencia, discordia y confusión; de orgullo, arrogancia y de todo mal camino. Defiende nuestras libertades, y forja un pueblo unido de las multitudes que han venido aquí de las diversas naciones y lenguas. Inviste con el espíritu de sabiduría a quienes en tu Nombre confiamos la autoridad del gobierno, para que haya justicia y paz en el país y que, por medio de la obediencia a tu ley, manifestemos tu alabanza entre las naciones de la tierra. En tiempo de prosperidad, llena nuestros corazones de gratitud, y en el día de la angustia, no permitas que nuestra confianza en ti desfallezca; todo lo cual te pedimos por Jesucristo nuestro Señor. Amén.[1]

Cuando comenzamos nuestro diálogo, reconocimos rápidamente la naturaleza compleja y elusiva del término *nacionalismo cristiano*. Debatimos sobre cómo definirlo y nos encontramos en desacuerdo sobre la semántica del nacionalismo. El gran alcance de este tema fácilmente llevó nuestras conversaciones en muchas direcciones diferentes. Para mantener nuestra exploración teológicamente centrada, convinimos en el marco anglicano de las Escrituras, la tradición, la razón y la liturgia como nuestra metodología. También reconocimos la profunda conexión entre la supremacía blanca y el nacionalismo cristiano en el contexto de Estados Unidos y nuestro trabajo previo sobre la supremacía blanca.

En nuestra publicación *Haciendo realidad la amada comunidad* [*Realizing Beloved Community*], aprendimos que «la blanquitud es esencialmente el pasaporte al espacio excepcional que es la identidad estadounidense, tal como la define el mito anglosajón».[2] Se ha reconocido que el nacionalismo cristiano en el contexto estadounidense tiene profundas raíces en la supremacía blanca, aunque hoy en día traspasa todos los grupos raciales, étnicos y culturales.

Andrew Whitehead y Samuel Perry, en su amplio estudio sobre el nacionalismo cristiano, lo describen como «una ideología que idealiza y aboga por una fusión de la vida cívica estadounidense con un tipo particular de identidad y cultura cristiana» que «incluye fronteras simbólicas que conceptualmente desdibujan y confunden» la identidad religiosa (cristiana, preferiblemente protestante) con raza (blanca), nativismo (nacidos en Estados Unidos), ciudadanía (estadounidense) e ideología

Introducción

política (conservadora social y fiscal)».³ En consecuencia, lo «cristiano» en el nacionalismo cristiano no se trata tanto de una fe religiosa como de una identidad impulsada ideológicamente, aunque las creencias religiosas se despliegan hábilmente para apoyar su postura ideológica sobre ciertas cuestiones políticas y sociales.

La ideología del nacionalismo cristiano en el contexto estadounidense consiste en supuestos sobre la supremacía blanca, el nativismo anglosajón, el patriarcado y el militarismo. Esta ideología es un excelente ejemplo de cómo la supremacía blanca se ha transformado y ha energizado al pecado sistémico del nacionalismo cristiano. Por lo tanto, el término *nacionalismo cristiano blanco* se utiliza a menudo no tanto para distinguir a los miembros blancos de filiación nacionalista cristiana como para mostrar la interseccionalidad entre la supremacía blanca y el nacionalismo cristiano en el contexto estadounidense.

En el estudio de Carter Heyward sobre el nacionalismo cristiano blanco, ella propone el término como «un movimiento pecaminoso arraigado en siete pecados interactivos de un segmento significativo de cristianos estadounidenses blancos para superponer sus valores religiosos conservadores a los líderes y las leyes de los Estados Unidos de América».⁴ Ella enfatiza con razón la dimensión colectiva del pecado que «sostiene nuestras estructuras de opresión y maldad sistémicas, y nombra siete pecados capitales del nacionalismo cristiano blanco que son fracasos sociales, sistémicos y estructurales, no simplemente personales».[5]

El nacionalismo cristiano es una idolatría de una ideología nacional supremacista blanca que utiliza la religión cristiana como justificación. Por lo tanto, es fundamentalmente una apostasía que viola el primero y el segundo de los Diez Mandamientos. Esto es similar a la tentación del diablo contra Jesús, en la que el diablo exige que Jesús lo adore a cambio de los reinos del mundo, y Jesús responde citando el primer mandamiento de adorar a Dios y servirle sólo a él.[6] «El pecado es buscar nuestra propia voluntad en lugar de la voluntad de Dios, distorsionando así nuestra relación con Dios, con los demás y con toda la creación».[7] El nacionalismo cristiano antepone su ideología sociopolítica al culto legítimo de Dios y distorsiona nuestra relación con Dios. Es un lobo con piel de oveja, «un disfraz que pasa (para muchos) por "inocencia", de hecho, "pureza" religiosa».[8] Por tanto, el comité llama a la Iglesia Episcopal a oponerse al nacionalismo cristiano, el pecado más grave y peligroso de la actualidad.

Se expresa una profunda gratitud al Obispo Primado por esta oportunidad de trabajar en este asunto urgente

Introducción

e importante y a todos los miembros del Comité de Teología de la Cámara de Obispos por su leal labor y sus contribuciones.

Presentado respetuosamente por el Comité de Teología de la Cámara de Obispos:

La Revda. Jennifer Baskerville-Burrows

El Revdo. Larry R. Benfield

El Revdo. Thomas Breidenthal

El Revdo. R. Williams Franklin

La Rvdma. Carol Gallagher

La Rvdma. Shannon MacVean-Brown

La Rvdma. Gretchen Rehberg

El Rvdmo. Allen K. Shin

El Muy Revdo. Dr. Michael Battle

La Muy Revda. Dra. Kelly Brown Douglas

La Revda. Dra. Altagracia Pérez-Bullard

Dr. Craig Geervarghese-Uffman

La Revda. Dra. Katherine Sonderegger

El caso contra el nacionalismo cristiano

Vosotros sois la luz del mundo. Una ciudad asentada sobre un monte no se puede esconder.

Mateo 5:14 (Versión Reina Valera).

El Dios de Israel está entre nosotros, cuando diez de nosotros podamos resistir a mil de nuestros enemigos, cuando él nos convierta en alabanza y gloria, de tal manera que los hombres digan de las plantaciones sucesivas: Señor, hazlo como la de Nueva Inglaterra: porque debemos considerar que seremos como una ciudad sobre un monte, los ojos de todos están sobre nosotros.

John Winthrop, de un sermón escrito a bordo del Arrabella, en un viaje de Gran Bretaña a Nueva Inglaterra, 1630.[9]

Señor Dios omnipotente, en cuyo Nombre los fundadores de este país ganaron su libertad y la nuestra [y encendieron la antorcha de la libertad para naciones que todavía no existían]: Concede que nosotros y todos los habitantes de esta tierra recibamos tu gracia para mantener nuestras libertades en justicia y paz; por Jesucristo nuestro Señor, que vive y reina contigo y el

LA CRISIS DEL NACIONALISMO CRISTIANO

Espíritu Santo, un solo Dios, por los siglos de los siglos. Amén.

Colecta por el Día de la Independencia, El Libro de Oración Común, 1989.[10]

Durante cuatrocientos años, muchas personas en Estados Unidos han adoptado las palabras del evangelio de Mateo, dirigidas a los oyentes de Jesús como parte del Sermón del Monte, para apoyar la creencia de que Dios ha mirado con un favor particular a las personas que originalmente colonizaron y ahora viven en la parte central de América del Norte. Un ejemplo temprano fue su uso en un sermón de John Winthrop cuando se dirigía a América en 1630 para servir como primer gobernador de la colonia de la Bahía de Massachusetts. Las generaciones posteriores de líderes políticos, incluidos los presidentes John Kennedy, Ronald Reagan y Barak Obama, han recurrido a esta metáfora. Se alude a ella en la Colecta de la Iglesia Episcopal para el Día de la Independencia, con su imagen de una antorcha de libertad encendida por los fundadores de Estados Unidos. Después de todo, las antorchas como señales se encienden en los montes, en lugares donde todos puedan verlas.

Pero cuatrocientos años también han visto una utilización preocupante de este dicho de Jesús —así como de la cita de Winthrop— como justificación del nacionalismo cristiano, una afirmación que fusiona Iglesia y política. El nacionalismo cristiano define la identidad nacional en términos de membresía en una forma particular de cristianismo.[11] Es una historia basada a menudo en el excepcionalismo anglosajón y refleja el deseo de ciertos grupos de cristianos e instituciones eclesiásticas específicas de recurrir al Estado para proteger, apoyar y continuar las estructuras a las que sus miembros están tan acostumbrados. Ya sea consciente o inconscientemente, esas estructuras habituales giran en torno a la supremacía blanca, una estructuración sistemática de la sociedad para promover y mantener los intereses, las oportunidades y el poder de los blancos. Fusionan los intereses de la nación (o al menos una parte de ella) y los intereses de Dios. Desdibujan las diferencias entre ser un buen estadounidense y un buen cristiano. Pone su fe en el Estado, no en el evangelio.

La combinación del papel del cristiano en la sociedad y la identidad de lo que constituye un buen cristiano en el contexto de vivir en una comunidad y nación particular ha llevado a un énfasis en el excepcionalismo y el mantenimiento del *status quo* de la dominación blanca, ya sea a través de la acción directa o de la complicidad silenciosa. Robert P. Jones, reflexionando sobre las actitudes cristianas así como sobre su propia formación, señala que «después de siglos de complicidad, las normas de la supremacía blanca se han integrado profunda y ampliamente en la identidad cristiana blanca, operando muy por debajo del nivel de la conciencia. Para muchos cristianos blancos bien intencionados hoy en día... el cristianismo y una norma cultural de supremacía blanca ahora a menudo se perciben como indistinguibles, y un ataque a la última desencadena una defensa total de la primera».[12] Esta identidad cristiana blanca a menudo se forma a través de los relatos que cuenta la gente.

El nacionalismo como historia de un pueblo

Las personas en una comunidad tienen historias. Estas historias, tanto en palabras como en hechos, transmiten información a la comunidad de quiénes se cuentan como miembros, cómo se relacionan las personas con la comunidad y su gobierno local, y cómo se relaciona cada comunidad con sus comunidades vecinas. De la misma manera, en cualquier nación, múltiples historias de pueblos compiten para contar la historia de la nación. Una vez más, estas historias describen a quiénes se cuentan como miembros, la manera en que se relacionan las personas y las comunidades con el cuerpo político y el Estado, y cómo se relaciona la nación con sus naciones vecinas.

Las historias de pueblos en competencia, también llamadas nacionalismos en competencia, negocian qué ciertos ciudadanos son dueños en algún aspecto de la fundación de la nación, su presente y su futuro. Los nacionalismos que respetan los derechos y libertades de todos los pueblos y comunidades están correctamente ordenados, pero se vuelven desordenados cuando «divinizan» a una comunidad particular dentro de la nación y hacen absolutas sus pretensiones de poder, al tiempo que marginan o incluso demonizan a otros. Esta divinización de un grupo sobre otro es *nacionalismo religioso*. Cuando se hace en nombre del cristianismo, es *nacionalismo cristiano*.

La idea del nacionalismo religioso no es exclusiva de la experiencia estadounidense. Estos movimientos religiosos se han experimentado en todo el mundo. Por ejemplo, en la era del apartheid sudafricano, esa nación se ocupaba de la *teología del Estado*, la justificación teológica del *status quo* que abusaba de conceptos teológicos y textos bíblicos para un propósito político que «bendice la injusticia (y) canoniza la voluntad de los poderosos», en parte a través de una interpretación de Romanos 13:1-7 que otorga un derecho absoluto y divino al Estado.[13]

El nacionalismo cristiano como historia de un pueblo desordenado

Como se mencionó anteriormente, las historias de los pueblos se alteran cuando divinizan a una comunidad particular dentro de la nación. Estas historias se vuelven destructivas cuando proceden a invitar al Estado a imponer por ley la primacía de una de sus comunidades nacionales constituyentes sobre otras. Por ejemplo, el imperialismo británico, que subyugó y explotó a los pueblos de todos los continentes, fue impulsado en parte por la convicción incuestionable de que Inglaterra era el Nuevo Israel, llamado por Dios a ser el pedagogo del mundo, enseñando a las naciones lo que significa florecer como un solo pueblo sujeto a la voluntad de Dios.

Una semejante historia desordenada es la de cómo el movimiento del nacionalismo cristiano ha ganado fuerza en Estados Unidos. Sus defensores más moderados han llamado a George Washington el «Moisés americano»[14] y han afirmado que los creyentes cristianos deben «reafirmar y reclamar nuestra herencia formativa cristiana... [que] comienza con la voluntad de participar en la batalla».[15] Algunos de sus seguidores se han basado en declaraciones como la de John Quincy Adams de que «el natalicio de la nación está indisolublemente ligado al natalicio del Salvador... [Esta nación] asentó la piedra angular del gobierno humano sobre los primeros preceptos del cristianismo».[16] Sus defensores más audaces a menudo justifican la violencia si es necesaria para promover su extensión.[17]

Para entender qué es el nacionalismo cristiano, es importante entender lo qué no es. No es nacionalismo cristiano si los valores políticos de una persona están moldeados por la fe cristiana del individuo. El problema del nacionalismo cristiano no es la participación cristiana en la política, sino más bien la creencia de que debería haber una *primacía* cristiana en la política y el ley.[18]

Hay al menos dos variantes de nacionalismo cristiano en Estados Unidos. La primera, el *estatismo eclesiástico*, aboga abiertamente por la teocracia: un gobierno de los cristianos, por los cristianos y para los cristianos, regido por mandatos bíblicos. La segunda variedad, un nacionalismo *judeocristiano* daltónico, se opone a la teocracia, pero limita la membresía del pueblo estadounidense a aquellos que abrazan la primacía de la cultura judeocristiana.[19]

Estos nacionalismos desordenados (estatismo eclesiástico y nacionalismo judeocristiano) exigen una respuesta. No es adecuado pensar únicamente en las cosas correctas, decir oraciones cuidadosamente redactadas o informarnos más sobre lo que nos preocupa de nuestra sociedad. La reflexión teológica también debe conducir a acciones con fundamento teológico.

¿Cómo respondemos?

Una respuesta bíblica

Una respuesta a la destructividad del nacionalismo cristiano puede comenzar con una comprensión de la experiencia de las comunidades en la historia que formaron naciones basadas en sus propias historias. Por ejemplo, en las Escrituras hebreas, la historia de Israel narra la liberación de su pueblo, su llamado y formación como nación y la conquista y establecimiento de una nación del pacto. La identidad y el orgullo nacional a menudo se han basado en esta historia arquetípica de las Escrituras. Cada país que ha sido tocado por la Biblia, desde Inglaterra hasta los Estados Unidos y Sudáfrica, especialmente en tiempos de crisis, vuelve al llamado de Israel a ser una nación santa ante el Señor como una manera de darle sentido a su situación.

Pero las historias pueden ser ordenadas o desordenadas, liberadoras o esclavizantes. Las Escrituras de Israel no sólo hablan de su liberación, sino también de su juicio, su fracaso, el exilio de su pueblo y su florecimiento en tierras lejanas de su hogar. Ninguna nación o imperio existe aparte del Dios todopoderoso. Reconocer esta verdad es colocar a la nación y al imperio dentro del llamado bíblico a la santidad. Para Israel, como para las naciones gentiles, ser santo es, en última instancia, servir a Dios sobre todas las cosas: acoger y hacerse amigo del extranjero, proteger a los extranjeros residentes y obrar justamente con ellos, alimentar al hambriento y vestir al desnudo, rechazar el engaño en el comercio y honrar un salario justo, liberar de deudas y devolver la tierra a los que la han perdido, honrar los tratados, albergar al huérfano y a la viuda, brindar refugio incluso al criminal y restaurar lo inmundo a lo limpio. El pueblo de Dios participará en el Jubileo. La historia de lo que significa ser una nación santa (y las acciones necesarias para llegar a serlo) es tan relevante hoy como lo fue hace tres mil años. Desgraciadamente, la radicalidad de esta palabra Jubileo no deja de ofender.

También hay un ejemplo en el Nuevo Testamento de cómo las ideas humanas sobre el nacionalismo y la superioridad de una cultura sobre otra son a menudo una falsa seguridad. En un esclarecedor ensayo sobre la huida a Egipto, Linda Stargel sostiene que la matanza de los inocentes es una historia que va en contra de la primacía a menudo asumida de una cultura sobre otra, que está en el corazón del nacionalismo religioso. A través de un episodio singular en la vida de Cristo, *la huida* subraya la complejidad y la imprevisibilidad de la nacionalidad y la identidad nacional a lo largo de las Sagradas Escrituras. Mientras que Egipto había sido una vez la tierra de la esclavitud e Israel la tierra prometida, bajo el poder de

Herodes Israel ahora representa un peligro, mientras que Egipto de hecho se convierte en la tierra prometida y segura.[20] El Señor saca a Su Hijo de Egipto (es decir, de Belén) a la seguridad y libertad en la Tierra Prometida (es decir, Egipto).

Ser una nación sujeta a Dios es tomar parte en este complejo intercambio entre el pacto y las naciones, estar delante de un Dios Santo en las buenas temporadas y en los días malos, escuchar palabras tanto de promesa como de juicio, y tratar de llegar a ser un lugar donde, como en la historia de la huida a Egipto, un niño inmigrante, que huye de una cólera asesina, puede encontrar refugio y descanso. Las naciones que hagan esto serán bienvenidas en la Ciudad Celestial donde ocurrirá sanación.

Una respuesta anglicana histórica

Las personas de la tradición anglicana no deberían confundir el surgimiento del nacionalismo cristiano con el surgimiento del Estado-nación, siendo este último una idea que recibió atención, al menos en Inglaterra, durante la Reforma. Los teólogos de esa época luchaban con el concepto de un Estado-nación mientras Inglaterra estaba arrebatando el control de su propia Iglesia a una potencia extranjera. Uno de esos teólogos fue Richard Hooker (1554-1600), una influencia importante en John Locke y los redactores de la Constitución de Estados Unidos, así como el teólogo principal responsable del anglicanismo como construcción teológica.

Las ideas clave de Hooker sobre la nacionalidad se pueden encontrar en sus *Leyes de la política eclesiástica*.[21] Él se ve conducido al tema de la nación al considerar por qué leyes que difieren de un lugar a otro pueden, sin embargo, estar arraigadas en un propósito más universal, a saber, asegurar las condiciones para la sociabilidad humana, es decir, para nuestra necesidad y capacidad de vivir pacíficamente e interactuar creativamente con amigos y extraños por igual. Hooker insiste en que esta necesidad es a lo que se reduce la naturaleza humana.

Al tomar esta medida, está alcanzando detrás del Estado-nación emergente de su tiempo una comprensión más flexible y mucho más fluida de las naciones como conjuntos relativamente grandes de personas que, sin embargo, están unidas por la historia, la cultura y (a veces) la tierra, de maneras que trascienden las distinciones de clase, riqueza, género y raza. Es esta idea de nación como un fenómeno orgánico, distinto de la política o el Estado, la que capta la imaginación de Hooker.

Hooker sostiene que la Iglesia de Inglaterra, como Iglesia *en* Inglaterra, no existe en virtud de un decreto estatal, ni siquiera por algún tipo de invención propia, sino en virtud de su participación en todo el cuerpo de Cristo, que él a su vez ve como una sociedad universal cultivada de abajo a arriba en el amor. En su alcance global, esta sociedad universal refleja la conexión que une a todos los seres humanos entre sí. En su expresión local, está llamada a modelar esta conexión redimida para la nación que habita. En el ámbito nacional, la Iglesia debería ayudar a la nación a realizar su potencial como incubadora de lo que nosotros, en el siglo XXI, podríamos llamar una amada comunidad.

Respuestas contemporáneas al nacionalismo cristiano

Necesitamos herramientas con las que navegar la tensión que experimentamos cuando nuestra identidad primaria y nuestra lealtad al reino de Dios están en tensión con nuestra identidad como miembros de nuestras propias familias, culturas y naciones. Este desafío no es nuevo ni exclusivo de la actualidad. En la Iglesia primitiva, los gentiles tenían que renunciar a su lealtad y a su participación en el ejército romano cuando se convertían al cristianismo. Cada generación debe explorar y renovar su comprensión de la vida en Cristo en su momento de la historia.

¿Cómo respondemos?

Estar equipado para vivir fielmente en el mundo requiere una formación consciente y practicada con regularidad. Significa identificar líderes capaces de aprender y de caminar con otros mientras adquieren nuevas formas de estar juntos en las prácticas íntimas y transformadoras del discipulado. Algunas herramientas fácilmente disponibles incluyen sesiones de *Suelo Sagrado*, diálogo teológico y un testimonio religioso público unido.

Una respuesta: suelo sagrado

Muchas congregaciones han llevado a cabo la serie de diálogos *Suelo sagrado* y pueden aprovechar esa experiencia para aprender y explorar continuamente cuestiones de identidad cristiana. Valiéndose de grupos pequeños, *Suelo sagrado* invita a los participantes a recorrer capítulos de la historia de raza y racismo de Estados Unidos, mientras tejen hilos de historia familiar, clase económica e identidad política y regional.

Se pueden utilizar materiales de la cultura popular, entre ellos películas, libros y noticias, para explorar las implicaciones teológicas que presentan, reexaminar las formas en que nos enseñaron a pensar sobre la identidad cristiana y cómo sentimos que Dios nos está llamando a renovar nuestras mentes y a crecer juntos como el cuerpo de Cristo. Necesitamos ejemplos concretos de cómo nos vemos afectados y somos cómplices de las fuerzas mortíferas que actúan en nuestra sociedad. Estos ejemplos fortalecerán la conexión entre el convenio bautismal que profesamos y la forma en que vivimos. Esto es especialmente cierto en el caso de nuestra renuncia al mal, nuestro compromiso de apoyarnos unos a otros en nuestra vida en Cristo, la formación continua descrita en nuestras prácticas de aprendizaje, compañerismo, comunión y oración, nuestro compromiso de ministrar en el mundo a través de la proclamación, el servicio y el trabajar por la justicia y por la paz.[22]

Una respuesta: diálogo teológico

Mark Branson y Juan Martínez, al trabajar con líderes que cruzan fronteras culturales, proporcionan un modelo útil para el diálogo teológico. Se centra en nuestra «praxis» o conducta. Este diálogo es esencial para explorar y experimentar nuevas formas de conducir nuestras vidas. Ellos escriben: «Al objeto de dar forma a una praxis apropiada para líderes y congregaciones, proponemos cinco pasos interactivos para la reflexión teológica. Es importante que los líderes emprendan estos pasos como un trabajo personal y reflexivo y con un equipo que participe en la toma de conciencia, el estudio, la reflexión y el discernimiento, todo hacia nuevas praxis».[23]

1er. paso: Nombre y describa su praxis actual... a partir del conocimiento y la perspectiva de los interesados, buscando incluir voces diversas para una visión más amplia de cómo se ha vivido un asunto o práctica en particular.

2do. paso: Analice su praxis y su contexto, utilizando el recurso de su contexto y su cultura.

3er. paso: Estudie y reflexione sobre textos y prácticas cristianas.

4to. paso: Recuerde y debata historias de su iglesia, de sus propias vidas y de otras personas en su comunidad en relación con la praxis que se está revisando.

5to. paso: Discierne y moldee corporativamente su nueva praxis a través de la imaginación, la oración, los experimentos y los compromisos.[24]

Cualquiera que sea el proceso que se emplee, es importante brindar la oportunidad de nombrar el aspecto específico de la identidad cristiana sobre el que se reflexiona. Después de compartir entendimientos personales, estos aspectos de nuestra identidad se examinan a la luz de las Escrituras, el Libro de Oración Común y otros recursos de nuestra tradición, así como recursos de las ciencias sociales y naturales. La discusión es más fructífera cuando se identifica alguna acción que apoyará el aprendizaje continuo del grupo.

Una respuesta: Testimonio público religioso unido

«La esperanza es el poder de seguir centrándose en una visión más amplia mientras se dan pasos pequeños, a menudo poco significativos, hacia ese futuro».[25] Nada podría ser más relevante y necesario para el actual momento de crisis del mundo occidental que el mensaje cristiano de esperanza. La Iglesia Episcopal tiene sus propios pasos mediante los cuales expresa su esperanza para el futuro, como en el lenguaje utilizado en la celebración de la Sagrada Eucaristía dentro de los muros de sus iglesias. Pero también existe la esperanza que se expresa a través de la participación en la vida pública cuando las personas de fe renuncian públicamente a los poderes malignos del mundo que corrompen y destruyen a las criaturas de Dios[26] y laboran en pro del día en que «se derrumben las barreras que nos dividen y desaparezcan las sospechas y cesen los odios».[27] Hay personas a través de las llamadas divisiones religiosas que están haciendo este trabajo público, como se ve en los siguientes ejemplos.

¿Cómo respondemos?

Un ejemplo en Pensilvania: Poder Interreligioso (*Fe en Acción en Pensilvania*) realizó un recorrido en autobús por veintiuna ciudades de todo el estado: cristianos, judíos y musulmanes que iban a partes del estado de Pensilvania que podrían ser hostiles al mensaje de que el nacionalismo cristiano está mal. «Estábamos mostrando un nivel de unidad y un nivel de camaradería que creo que la gente, en última instancia, anhela y les han dicho que no puede existir fuera de la raza blanca. Y entonces les estábamos brindando ese modelo», dijo Joe Flemming, un organizador comunitario religioso entrevistado por el obispo de Vermont.

Un ejemplo en el noroeste de Estados Unidos: un nacionalismo desordenado a veces se centra en la religión y otras veces se centra abiertamente en el racismo. Por ejemplo, en la Diócesis de Spokane, situada en el interior del noroeste del este de Washington y el norte de Idaho, entre los problemas culturales y sociales más apremiantes se encuentran aquellos que deliberadamente dividen a un grupo de otro.

La Red de Libertad Aria [*Aryan Freedom Network*], un grupo supremacista blanco, en una reunión celebrada en marzo de 2022 en Hayden Lake, Idaho, afirmó que parte de su propósito era identificar «cosas que podemos hacer para mejorar un poco nuestras comunidades». El hecho de que un cartel para este evento incluyera una esvástica y las palabras «mantengamos a Idaho blanco» mostraba claramente que su visión de «un poco mejor» estaba en oposición tanto a los ideales expresados en la Declaración de Independencia de los Estados Unidos como consagrados en su Constitución, así como a los valores del cristianismo.

En respuesta, para contrarrestar esta visión desordenada del nacionalismo, los dirigentes religiosos del área, incluido la obispa de Spokane, emitieron una declaración que incluía:

> Para decir lo obvio, la noción misma de supremacía blanca depende de la narrativa antinegra y de todas las personas de color. Como cristianos, no podemos apoyar nada que niegue la naturaleza fundamental de la Amada Comunidad a la que Cristo nos llama, una Amada Comunidad que sabe que todos son amados de Dios y hermanos y hermanas unos de otros. Rechazamos todas las formas de supremacía blanca y nos comprometemos a continuar hablando y trabajando activamente contra las estructuras que permiten la silenciosa complicidad y tolerancia con tales prácticas. Nos comprometemos a laborar activamente por ese día en que todos sean vistos, valorados, honrados y respetados como hijos e hijas de Dios.[28]

Los líderes religiosos citados aquí quieren que el Estado-nación se convierta en una mejor versión de sí

¿Cómo respondemos?

mismo, porque hacerlo hará advenir un día en el que todas las personas serán respetadas, un día en el que se alcanzará el *shalom* de las Sagradas Escrituras, un día de bienestar cívico. Como dijo Jeremías a los exiliados en Babilonia: «Además, busquen el bienestar de la ciudad adonde los he deportado y pidan al Señor por ella, porque el bienestar de ustedes depende del bienestar de la ciudad». (Jeremías 29:7, NVI)

Lo que significa ser una ciudad sobre un monte

El sermón que John Winthrop escribió en su viaje a Estados Unidos no se centró en el excepcionalismo anglosajón ni en el deseo de presentar a los nuevos habitantes de Estados Unidos como mejores que otras personas. Más bien, su recordatorio a sus compañeros de viaje fue que los ojos del mundo estarían sobre ellos para ver si estaban a la altura del modelo de caridad cristiana que su sermón les presentó. Más de una vez recordó a sus oyentes la regla de oro de Mateo 7:12, que hacen a los demás lo que les gustaría que les hicieran a ellos. Les recordó que si buscaban la grandeza para sí mismos, Dios los obligaría a pagar un precio. En cambio, debían seguir el consejo del profeta Miqueas de hacer justicia, amar la misericordia y caminar humildemente con Dios.

Por lo tanto, ser una ciudad sobre un monte era una responsabilidad, no un derecho. Como afirmó Winthrop al final de su sermón, si sus corazones se desvían y no obedecen, si son seducidos por sus propios placeres y ganancias, perecerán fuera de la buena tierra hacia la que viajaban. El nacionalismo cristiano, que de hecho aleja a la gente de la justicia, la misericordia y la humildad, eventualmente conducirá a la destrucción. El llamado de la Iglesia en el siglo XXI es proclamar de maneras nuevas lo que realmente significa ser una luz para el mundo y una ciudad sobre un monte para que todas las personas sean valoradas, honradas y respetadas.

Una bibliografía para lecturas adicionales

Braunstein, Ruth. *Prophets and Patriots: Faith in Democracy across the Political Divide.* [*Profetas y patriotas: fe en democracia más allá de la división política*]. 1ra. ed. University of California Press, 2017.

———. "A (More) Perfect Union? Religion, Politics, and Competing Stories of America." [«¿Una unión (más) perfecta? Religión, política y relatos rivales de Estados Unidos»] *Sociology of Religion* 79 (2): 172–95, 2018. https://doi.org/10.1093/socrel/sry013.

———. "The 'Right' History: Religion, Race, and Nostalgic Stories of Christian America." [«Historia de la "derecha": religión, raza y relatos nostálgicos de los Estados Unidos cristianos»] Religions 12 (2): 95, 2021. https://doi.org/10.3390/rel12020095.

Brubaker, Rogers. "Between Nationalism and Civilizationism: The European Populist Moment in Comparative Perspective." [«Entre nacionalismo y civilizacionismo: el momento populista europeo en perspectiva comparada»] *Ethnic and Racial Studies* 40 (8): 1191–1226, 2017. https://doi.org/10.1080/01419870.2017.1294700.

———. "Why Populism?" [«¿El porqué del populismo»] *Theory and Society* 46 (5): 357–85, 2017. https://doi.org/10.1007/s11186-017-9301-7.

———. "Populism and Nationalism." [«Populismo y nacionalismo»] *Nations and Nationalism* 26 (1): 44–66, 2020. https://doi.org/10.1111/nana.12522.

Calhoun, Craig. [*Nacionalismo*]. 1ra. ed. Minneapolis: University of Minnesota Press, 1998.

———. *Nations Matter: Culture, History and the Cosmopolitan Dream* [*Importancia de las naciones: cultura, historia y el sueño cosmopolita*]. 1ra. ed. Routledge Press, 2007.

———. "The Rhetoric of Nationalism." [«La retórica del nacionalismo»] En *Everyday Nationhood: Theorising Culture, Identity, and Belonging after Banal Nationalism*, editado por Michael Skey y Marco Antonsich, 1ra. ed. Nueva York: Palgrave Macmillan, 2017.

Gorski, Philip S. *American Covenant: A History of Civil Religion from the Puritans to the Present* [*Pacto americano: una historia de la religión civil desde los puritanos hasta el presente*]. 2nd ed. Princeton University Press, 2019.

———. *American Babylon: Christianity and Democracy Before and After Trump* [*La Babilonia americana: cristianismo y democracia antes y después de Trump*]. 1ra. ed. Routledge Press, 2020.

———. "Revisited: Why Do Evangelicals Vote for Trump?" [«Repensado: ¿Por qué los evangélicos votan por Trump?»] *The Immanent Frame* (blog). 15 de diciembre de 2020. http://tif.ssrc.org/2020/12/15/revisited-why-do-evangelicals-vote-for-trump/.

Gorski, Philip S., Samuel L. Perry, and Jemar Tisby. *The Flag and the Cross: White Christian Nationalism and the Threat to American Democracy* [*La bandera y la cruz: el nacionalismo cristiano blanco y la amenaza a la democracia estadounidense*]. Oxford University Press, 2022.

Haden, Kyle Edward. *Embodied Idolatry: A Critique of Christian Nationalism* [*Idolatría encarnada: una crítica del nacionalismo cristiano*]. Londres: Lexington/Rowman & Littlefield, 2020. Texto académico que aborda algunos de los temas.

Heyward, Carter, *The Seven Deadly Sins of White Christian Nationalism: A Call to Action* [*Los siete pecados capitales del nacionalismo cristiano blanco: un llamado a la acción*] (Lanham, Maryland: Rowman and Littlefield, 2022).

Li, Ruiqian, and Paul Froese. 2023. "The Duality of American Christian Nationalism: Religious Traditionalism versus Christian Statism." [«La dualidad del nacionalismo cristiano estadounidense: tradicionalismo religioso versus estatismo cristiano»] *Journal for the Scientific Study of Religion*. Agosto de 2023. https://doi.org/10.1111/jssr.12868.

Lupfer, Jacob. "Evangelicals and Trump: ReAwaken America shows us who changed whom." [«Evangélicos y Trump: el redespertar de Estados Unidos nos muestra quién cambió a quién»] 2022. *Religion News Service* (blog). 31 de octubre de 2022.
https://religionnews.com/2022/10/31/evangelicals-and-trump-reawaken-america-shows-us-who-changed-who/.

Mikoski, Gordon S. *Baptism and Christian Identity: Teaching in the Triune Name* [*Bautismo e identidad cristiana: enseñanza del Nombre Trino*]. Grand Rapids: Wm. B. Eerdmans, 2009. Texto académico que aborda algunos de los temas.

Smith, Anthony D. *Chosen Peoples: Sacred Sources of National Identity* [*Pueblos escogidos: orígenes sacros de la identidad nacional*]. 1ra. ed. Oxford University Press, 2004.

———. *Ethno-Symbolism and Nationalism: A Cultural Approach* [*Etnosimbolismo y nacionalismo: un enfoque cultural*]. 1ra. ed. Routledge Press, 2009.

———. *Nationalism: Theory, Ideology, History* [*Nacionalismo: teoría, ideología e historia*]. 2da. ed. Cambridge: Polity, 2013.

———. *Nations and Nationalism in a Global Era* [*Naciones y nacionalismo en una era global*]. 1ra. ed. Cambridge: Polity, 2013.

———. *The Nation in History: Historiographical Debates about Ethnicity and Nationalism* [*La nación en la historia: debates historiográficos en torno a la etnia y el nacionalismo*]. 1ra. ed. Cambridge: Polity, 2013.

Smith, Jesse, and Gary J. "What *Isn't* Christian Nationalism? A Call for Conceptual and Empirical Splitting." [«¿Qué *no es* el nacionalismo cristiano? Un llamado a la separación conceptual y empírica»] Socius: *Sociological Research for a Dynamic World* 8 (Enero de 2022). https://doi.org/10.1177/23780231221124492.

Smith, Rogers M. *Political Peoplehood: The Roles of Values, Interests, and Identities* [*Pueblo político: el papel de los valores, intereses e identidades*]. Reimpresión, Chicago: University of Chicago Press, 2015.

———. "America's Case of Forgotten Identity." [«Estados Unidos: un caso de identidad olvidada»] *Boston Review* (blog). 12 de junio de 2017.

https://www.bostonreview.net/articles/rogers-m-smith-national-identity/.

———. *That Is Not Who We Are!: Populism and Peoplehood* [*¡Eso no es lo que somos!: populismo y pueblo*] Yale University Press, 2017.

Smith, Rogers M., Will Kymlicka, Nora Hui-Jung Kim, Terri Susan Fine, John O'Keefe, Kerry Wynn, and Susan L. T. Ashley. *Representation and Citizenship* [*Representación y ciudadanía*]. Editado por Richard Marback. Detroit, Michigan: Wayne State University Press, 2016.

Smith, Steven B. *Reclaiming Patriotism in an Age of Extremes* [*Rescatar el patriotismo en una era de extremos*]. Yale University Press, 2021.

Stroope, Samuel, Paul Froese, Heather M. Rackin, and Jack Delehanty. 2021. "Unchurched Christian Nationalism and the 2016 U.S. Presidential Election." [«Nacionalismo cristiano sin Iglesia y las elecciones presidenciales de EE.UU. en 2016»] *Sociological Forum* 36 (2): 405–25, 2021. https://doi.org/10.1111/socf.12684.

Stroope, Samuel, Heather M Rackin, and Paul Froese. "Christian Nationalism and Views of Immigrants in the United States: Is the Relationship Stronger for the Religiously Inactive?" [«Nacionalismo cristiano y opiniones sobre los inmigrantes en Estados Unidos: ¿es la relación más fuerte para los religiosamente inactivos?»] *Socius: Sociological Research for a Dynamic World*. 16 de febrero de 2021. https://journals.sagepub.com/doi/full/10.1177/2378023120985116

Taylor, Matthew, and Brad Onishi. "January 6th and the New Apostolic Reformation." [« 6 de enero y la nueva reforma apostólica»] *Charismatic Revival Fury*. 5 de diciembre de 2022. https://podcasts.apple.com/us/podcast/charismatic-revival-fury-ep-1-january-6th-and-the/id1441649707?i=1000588776189.

Volpe, Medi Ann. *Rethinking Christian Identity: Doctrine and Discipline* [*Repensar la identidad cristiana: doctrina y disciplina*]. Chichester: Wiley-Blackwell, 2013. Texto académico que aborda algunos de los temas.

Wee, Paul A. *American Destiny and the Calling of the Church* [*El destino americano y el llamado de la Iglesia*]. Minneapolis: Augsburg Fortress, 2006. Una reflexión luterana de algunos de los temas.

Whitehead, Andrew L. and Perry, Samuel L., *Taking American back for God: Christian Nationalism in the United States* [*Recuperar a los estadounidenses para Dios: el nacionalismo cristiano en los Estados Unidos*] (Oxford University Press 2022)

Williams, Rowan. *Being Christian: Baptism, Bible, Eucharist, Prayer* [*Ser cristiano: bautismo, Biblia, eucaristía y oración*]. Grand Rapids: Wm. B. Eerdmans, 2014. Un recurso útil para la reflexión en pequeños grupos de formación.

Williams, Rowan. *What is Christianity? A Little Book of Guidance* [*¿Qué es el cristianismo? Un pequeño libro de orientación*]. Gran Bretaña: SPCK, 2015. Un recurso útil para la reflexión en pequeños grupos de formación.

Yancy, George and Bywather, Bill, eds., *In Sheep's Clothing: The Idolatry of White Christian Nationalism* [*Con piel de oveja: la idolatría del nacionalismo cristiano blanco*] (Lanham, Maryland: Rowman & Littlefield, 2024).

Notas

1. *El Libro de Oración Común* (Nueva York: The Church Pension Fund, 1979), p. 710.
2. Allen Shin and Larry Benfield, eds., *Realizing Beloved Community* [*Haciendo realidad la amada comunidad*] (Nueva York: Church Publishing, 2022) p. 21.
3. Andrew L. Whitehead and Samuel L. Perry, *Taking American back for God: Christian Nationalism in the United States* [*Recuperar a los estadounidenses para Dios: el nacionalismo cristiano en los Estados Unidos*] (Oxford University Press 2022) p. x.
4. Carter Heyward, *The Seven Deadly Sins of White Christian Nationalism: A Call to Action* [*Los siete pecados capitales del nacionalismo cristiano blanco: un llamado a la acción*] (Lanham, Maryland: Rowman and Littlefield, 2022). p. 44.
5. *Ibid.* p. 45.
6. Mateo 4:8-10, Lucas 4:5-8.
7. *El Libro de Oración Común*, p. 740.
8. George Yancy and Bill Bywater, eds., *In Sheep's Clothing: The Idolatry of White Christian Nationalism* [*Con piel de oveja: la idolatría del nacionalismo cristiano blanco*] (Lanham, Maryland: Rowman & Littlefield, 2024). p. 7. Esta colección de ensayos da voz a la interlocución del cristianismo, la que se basa en el amor, y su eficacia para resistir no sólo a las profundas fuerzas políticas pro-blancas en acción, sino también en su capacidad para centrar el énfasis en el amor cristiano.

9. John Winthrop, "A Modell of Christian Charity," [«Un modelo de caridad cristiana»] en *American Sermons* (Nueva York: The Library of America, 1999), p. 42.

10. *El Libro de Oración Común* (Nueva York: The Church Pension Fund, 1989), p. 242

11. Philip S. Gorski, Samuel L. Perry y Jemar Tisby, *The Flag and the Cross: White Christian Nationalism and the Threat to American Democracy* [*La bandera y la cruz: el nacionalismo cristiano blanco y la amenaza a la democracia estadounidense*] (Oxford University Press, 2022).

12. Robert P. Jones, *White Too Long: The Legacy of White Supremacy in American Christianity* [*Blanco por demasiado tiempo: el legado de la supremacía blanca en el cristianismo estadounidense*] (Nueva York: Simon & Schuster, 2020), p. 10.

13. John W. DeGruchy and the Kairos Theologians, *The Kairos Document: Challenge to the Churches* [*El documento del kairós: desafío a las iglesias*] (Grand Rapids, Michigan: William B. Eerdmans, 1986).

14. Richard G. Lee, *The American Patriot's Bible* [*La Biblia del patriota estadounidense*] (Nashville: Thomas Nelson, 2009), p. 64.

15. Lee, p. 628.

16. John Quincy Adams, "Speech on Independence Day, 1837," [«*Discurso en el Día de la Independencia de 1837*»] en *Teaching American History*, https://teachingamericanhistory.org/document/speech-on-independence-day-2/

17. Gorski, Philip S., *American Covenant: A History of Civil Religion from the Puritans to the Present* [*Pacto estadounidense: una historia de la religión civil desde los puritanos hasta el*

presente]. 2da. edición (Princeton: Princeton University Press, 2019).

18. David French, "What is Christian Nationalism, Exactly," [«*Qué es el nacionalismo cristiano, exactamente*»] en *The Nueva York Times*, https://www.nytimes.com/2024/02/25/opinion/christian-nationalism.html.

19. Ruth Braunstein, "The 'Right' History: Religion, Race, and Nostalgic Stories of Christian America," [«*La historia de la "derecha": religión, raza y relatos nostálgicos del Estados Unidos cristiano*»], *Religions* 12 (2): 95, 2021. https://doi.org/10.3390/rel12020095.

20. Linda Stargel, "Exodus in Matthew's Looking Glass," [«*Éxodo en el espejo de Mateo*»] en *Horizons in Biblical Theology* 43, no. 2 (agosto de 2021): 166-186.

21. Richard Hooker, *The Laws of Ecclesiastical Polity* [*Las leyes de la política eclesiástica*] (Oxford: Clarendon Press, 1874), Book 1, ch. 10.

22. *El Libro de Oración Común*, pp. 222-225.

23. Mark Lau Branson & Juan F. Martínez, *Churches, Cultures and Leadership: A Practical Theology of Congregations and Ethnicities* [*Iglesias, culturas y liderazgo: una teología práctica de congregaciones y etnias*]. 2da. edición (Downers Grove, Illinois: InterVarsity Press, 2023). pp. 38-40.

24. Branson y Martínez, pp. 38-40.

25. Mitri Raheb, *Faith in the Face of Empire: The Bible Through Palestinian Eyes* [*La fe en la faz del imperio: la Biblia a través de los ojos palestinos*] (Maryknoll, Nueva York: Orbis Books, 2014), p. 129.

26. *El Libro de Oración Común*, p. 222.
27. *El Libro de Oración Común*, p. 713.
28. Gretchen Rehberg et al., "Letter to the Editor," [«*Cartas al editor*»] *The Spokesman-Review* (2 de marzo de 2022).

Guía de estudio

El bautismo nos exige no sólo renunciar a Satanás, sino también a los poderes malignos de este mundo y a todos los deseos pecaminosos que nos apartan del amor de Dios. El nacionalismo cristiano, con su divinización de una comunidad particular dentro de la nación, es un ejemplo tanto del poder maligno como del deseo pecaminoso. ¿Qué pueden hacer los cristianos para combatirla? Después de todo, el pacto bautismal de la Iglesia Episcopal invita a los cristianos no sólo a arrepentirse y volverse al Señor, sino también a luchar por la justicia y la paz entre todas las personas y a respetar la dignidad de todos los seres humanos.

Esta guía de estudio se ofrece para fomentar una mayor reflexión teológica y conversación sobre el nacionalismo cristiano; para explorar formas de responder a la amenaza de este «movimiento pecaminoso», como lo ha descrito la Rev. Dra. Carter Heyward; y para emprender acciones concretas en las congregaciones y comunidades locales.

Muchas gracias al Rev. Dr. Patrick Cheng por su ayuda en la elaboración de las preguntas para esta guía de estudio y a la Rev. Dra. Carter Heyward, cuyo libro, Los siete pecados capitales del nacionalismo cristiano blanco, ha inspirado importantes reflexiones teológicas y algunas preguntas para esta guía.

Del Prefacio

El Obispo Primado Michael declaró: «Siempre es peligroso mezclar nuestras prioridades, ya sea en el ámbito personal o nacional».

¿Por qué es peligroso mezclar nuestras prioridades con respecto a Dios y a la patria?

De la Introducción

En su libro The Seven Deadly Sins of White Christian Nationalism *[Los siete pecados capitales del nacionalismo cristiano blanco], Carter Heyward describe el nacionalismo cristiano como «un movimiento pecaminoso» y no simplemente como «fracasos personales».*

¿Por qué considera Heyward el nacionalismo cristiano como un movimiento pecaminoso con una dimensión colectiva?

El nacionalismo cristiano es una idolatría de una ideología nacional supremacista blanca que utiliza la religión cristiana como justificación.

¿Cuál es la conexión existente entre el nacionalismo cristiano y la supremacía blanca?

¿Por qué el nacionalismo cristiano es una forma de idolatría y una violación del primero y segundo de los Diez Mandamientos (BCP, pp. 317-18, 350)?

¿Cómo distorsiona el nacionalismo cristiano nuestra relación con Dios?

¿Por qué el nacionalismo cristiano es el «pecado más grave y peligroso de hoy»?

De las palabras iniciales

Vosotros sois la luz del mundo. Una ciudad asentada sobre un monte no se puede esconder. (Mateo 5:14, Versión Reina Valera).

¿Cómo se ha utilizado la referencia bíblica a «una ciudad asentada sobre un monte» para justificar el nacionalismo cristiano en Estados Unidos?

LA CRISIS DEL NACIONALISMO CRISTIANO

El nacionalismo cristiano define la identidad nacional en términos de pertenencia a una forma particular de cristianismo.

¿Cuál es la definición básica del nacionalismo cristiano?

El cristianismo y la norma cultural de supremacía blanca parecen ahora indistinguibles, y un ataque a la última desencadena una defensa total de la primera.

¿Cuáles son los ejemplos en los que un ataque a la norma cultural de supremacía blanca ha desencadenado una defensa total del nacionalismo cristiano blanco?

De el nacionalismo como historia de un pueblo

Múltiples historias de pueblos compiten para contar la historia de la nación.

¿Cuándo se convierten en desordenadas las «historias de pueblos» que compiten entre sí?

¿Cómo se utilizó la «Teología del Estado» en la época del apartheid sudafricano, y cómo podría verse en el nacionalismo cristiano actual?

De el nacionalismo cristiano como historia de un pueblo desordenado

Inglaterra era el Nuevo Israel, llamado por Dios a ser el pedagogo del mundo, enseñando a las naciones lo que significa florecer como un solo pueblo sujeto a la voluntad de Dios.
¿Qué relación existe entre Inglaterra como Nuevo Israel y el imperialismo británico?

El problema del nacionalismo cristiano no es la participación cristiana en la política, sino más bien la creencia de que debería haber una primacía cristiana en la política y el derecho.
¿Cómo debería ser la participación cristiana en la política?

¿Cómo definiría y distinguiría las dos variedades de nacionalismo cristiano en Estados Unidos: (1) el estatismo eclesiástico y (2) el nacionalismo judeocristiano? ¿Tiene ejemplos de cada una de ellas?

De una respuesta bíblica

La historia de lo que significa ser una nación santa (y las acciones necesarias para llegar a serlo) es tan relevante hoy como lo fue hace tres mil años.

¿Cómo podría ordenarse y liberarse el «llamado de Israel a ser una nación santa ante el Señor», en particular con respecto a nuestro trato con el extranjero y los necesitados?

¿Cómo podría la historia de la Huida a Egipto en el Evangelio de Mateo desafiar nuestras falsas suposiciones sobre la primacía, o superioridad, de una cultura sobre otra?

De Una respuesta anglicana histórica

Hooker argumenta que la Iglesia de Inglaterra, como Iglesia en Inglaterra, no existe en virtud de un decreto estatal, ni siquiera por algún tipo de invención propia, sino en virtud de su participación en todo el cuerpo de Cristo.

¿En qué se diferenciaba la idea de Hooker de nación como «fenómeno orgánico» de la noción de Estado-nación emergente de su época?

En el ámbito nacional, la Iglesia debería ayudar a la nación a realizar su potencial como incubadora de lo que nosotros, en el siglo XXI, podríamos llamar una amada comunidad.

¿Cuál debe ser la relación entre la Iglesia y la «amada comunidad» en el siglo XXI?

Guía de estudio

De Respuestas contemporáneas al nacionalismo cristiano

¿Cuáles son algunas de las herramientas que nos pueden ayudar a «equiparnos para vivir fielmente en el mundo»?

De Una respuesta: *Suelo sagrado*

Suelo sagrado invita a los participantes a recorrer capítulos de la historia de raza y racismo de Estados Unidos, mientras tejen hilos de historia familiar, clase económica e identidad política y regional.

¿Cómo podría utilizarse Suelo sagrado y otros materiales de la cultura popular para responder a la amenaza del nacionalismo cristiano?

Los ejemplos pueden reforzar la conexión entre el convenio bautismal que profesamos y la forma en que vivimos.

¿Cuáles son algunos ejemplos concretos de cómo reforzar la conexión entre el convenio bautismal y nuestra forma de vivir?

¿Qué partes del convenio bautismal resuenan más con usted?

LA CRISIS DEL NACIONALISMO CRISTIANO

De Una respuesta: *diálogo teológico*

¿Cuáles son los cinco pasos del modelo de diálogo teológico de Branson y Martínez?

¿Cómo podría incorporar el modelo de diálogo teológico de Branson y Martínez en su propia parroquia o comunidad?

¿De qué manera las formas en que hace las cosas en su congregación/organización (praxis) reflejan una confusión entre la fe cristiana y el nacionalismo? Mencione algunos ejemplos y cómo podrían cambiarse o aclararse estas prácticas en un contexto cristiano.

De Una respuesta: *Testimonio público religioso unido*

La esperanza es el poder de seguir centrándose en una visión más amplia mientras se dan pasos pequeños, a menudo poco significativos, hacia ese futuro.

¿Cómo podría un testimonio público religioso unido ser una forma de responder a la amenaza del nacionalismo cristiano?

¿Cómo se puede encontrar la esperanza a través de la participación en la vida pública de las personas de fe?

¿De qué manera los ejemplos citados de Pensilvania y de la diócesis de Spokane sirven para reforzar el mensaje de esperanza cristiana?

De Lo que significa ser una ciudad sobre un monte

Por lo tanto, ser una ciudad sobre un monte era una responsabilidad, no un derecho.

¿Cómo utilizó Winthrop la regla de oro en su sermón para demostrar que ser una ciudad sobre un monte era una responsabilidad, no un derecho?

Otras preguntas generales

¿Cuál es la amenaza del nacionalismo cristiano blanco para las naciones y el cristianismo, en particular en Estados Unidos?

¿Qué factores contribuyen a la fuerza y actualidad del nacionalismo cristiano?

LA CRISIS DEL NACIONALISMO CRISTIANO

¿Es posible ser un cristiano patriota? En caso afirmativo, ¿cómo?

¿Cómo deben los cristianos animarse unos a otros a ser audaces en la fe? ¿En patriotismo?

Caso de estudio

La organización comunitaria basada en la fe es una forma de aglutinar el poder de la comunidad para introducir cambios políticos que mejoren la vida de las personas y de su comunidad, establezcan relaciones y conexiones, sitúen en el centro las voces y preocupaciones de los marginados, afirmen y mejoren la diversidad en las comunidades y organizaciones, y fundamenten esta labor de justicia en un contexto interreligioso y ecuménico.

La organización comunitaria basada en la fe se basa en la expresión creativa de Dios cuando diversas coaliciones de personas se unen para amplificar su poder y construir una comunidad querida. La propia diversidad encarnada de estas organizaciones es una postura intencionada contra las ideologías del nacionalismo cristiano. Es una integración de lo que decimos creer en nuestro bautismo y de lo que decimos que queremos que sea nuestra sociedad. Sitúa nuestra identidad cristiana en el centro, conectando el convenio bautismal con nuestra forma de vivir.

LA CRISIS DEL NACIONALISMO CRISTIANO

He aquí un estudio de caso sobre cómo la Iglesia Episcopal de la Diócesis de Spokane abordó recientemente el nacionalismo cristiano. ¿Qué le parece encomiable del planteamiento adoptado? ¿Qué habría hecho usted de forma diferente?

Confrontando el nacionalismo cristiano en la diócesis de Spokane

por la Rvdma. Gretchen Rehberg

En la Diócesis de Spokane, situada en el interior del noroeste del este de Washington y el norte de Idaho, creemos que entre los cambios culturales y sociales más acuciantes que afectan a nuestras congregaciones están los que nos separan unos de otros y de los miembros de nuestras comunidades. Nuestra amplia zona geográfica incluye extensiones rurales salpicadas de pequeñas comunidades y zonas turísticas; algunas ciudades más grandes centradas en la enseñanza superior, la agricultura y la investigación gubernamental; y el centro urbano de Spokane, Washington. Hay zonas de nuestra diócesis que tienen una historia de supremacía blanca que se renueva en el movimiento del nacionalismo cristiano. Otras zonas, especialmente las dominadas por la agricultura, tienen poblaciones que superan ampliamente el cincuenta por ciento de hispanos/latinos. Los resultados electorales en toda la diócesis pintan un panorama profundamente morado, y las divisiones sociales y políticas han aumentado como consecuencia de la dinámica cultural de la pandemia de Covid-19. En el norte de Idaho en particular, estamos experimentando esfuerzos concertados para promover el nacionalismo cristiano y «mantener a Idaho blanco», un lema en un cartel para una manifestación reciente, un cartel que también incluía una esvástica. El camino hacia el campamento de la iglesia diocesana pasa por delante de un complejo de milicias con carteles de supremacía blanca.

Muchas de las divisiones sociales y culturales que experimentamos son anteriores a la Covid-19. Las divisiones de raza, estatus socioeconómico, herencia cultural y perspectiva política tienen profundas raíces en la historia del área geográfica que comprende la Diócesis de Spokane. En los últimos siete años, en particular, las convulsiones políticas, una nueva conciencia del impacto del racismo en las personas de color y la pandemia han servido para sacar a la superficie estas divisiones. Por desgracia, en lugar de exponerlas para su reparación y curación, se han exacerbado antiguas divisiones, a veces de forma intencionada. Las diferencias culturales y raciales se utilizan como armas para deshumanizar al «otro». Las diferencias en los puntos de vista políticos sirven para dividir a amigos, familias y comunidades no sólo en cuestiones de política, sino en prácticas de salud pública, educación pública y vida comunitaria. Y estas son sólo las manifestaciones superficiales de estas divisiones. Las heridas más profundas siguen ahí. En nuestro contexto, una de las formas insidiosas de experimentar estos cambios sociales y culturales es a través de la actividad de las organizaciones nacionalistas cristianas blancas. Es una preocupación importante para los cristianos que rechazan su ideología y quieren recuperar al Dios trino de los Evangelios como corazón del cristianismo.

Creemos que, como discípulos de Jesús, nosotros y nuestras congregaciones debemos hacer frente a las fuerzas que trabajan para crear, mantener y exacerbar las divisiones entre las personas y las comunidades. Al mismo tiempo, nuestras congregaciones han admitido una verdadera reticencia a enfrentarse a tales fuerzas y problemas, en gran parte por miedo, miedo a más divisiones y a la pérdida de miembros en la congregación, miedo a las represalias y a la violencia por parte de otros. Nuestro clero informa de que los intentos de predicar sobre el racismo sistémico o el nacionalismo blanco conducen invariablemente a acusaciones de ser políticos.

La diócesis finalizó un proceso de planificación estratégica en otoño de 2021 que incluía un objetivo estratégico de una cultura diocesana de «escucha, aprendizaje y desarrollo en la que seamos curiosos y valientes». Partiendo de ahí, hemos tenido como objetivo aumentar el número de personas de nuestra diócesis que han participado en Suelo sagrado, pidiendo a todo el clero y a todos los que están implicados en el liderazgo diocesano que participen, así como celebrando ofrendas regulares a través de Zoom a nivel diocesano. Regularmente se crean nuevos círculos. Nuestro querido grupo de trabajo comunitario ha asumido esta acción como una de sus principales tareas. Actualmente tenemos una buena participación a nivel diocesano, lo que hace que varias congregaciones se pregunten cuál es el siguiente paso de fe que deben dar.

En otoño de 2021 vimos una concentración de «ciudadanos preocupados», con el lema de «mantener a Idaho blanco» y una esvástica en el cartel, que se celebró en Hayden Lake, una localidad de Idaho que había lidiado con un complejo de supremacistas blancos en la década de 1990. Como obispa de la diócesis de Spokane, colaboré con otros dirigentes religiosos de la zona para escribir una carta en la que se abordaba el pecado de la supremacía blanca, que fue firmada por cinco dirigentes confesionales. La carta decía:

> Hemos leído con gran consternación que la Red de Libertad Aria, un grupo supremacista blanco, va a celebrar una reunión el 12 de marzo en Hayden Lake y ha dicho que parte de su propósito es identificar «cosas que podemos hacer

para mejorar un poco nuestras comunidades». El hecho de que un cartel para este evento incluya una esvástica y las palabras «mantengamos a Idaho blanco» muestra claramente que su visión de «un poco mejor» está en oposición tanto a los ideales estadounidenses expresados en nuestra Declaración de Independencia como consagrados en nuestra Constitución, así como a los valores del cristianismo. Aunque esta no es una «nación cristiana» y celebramos plenamente la libertad religiosa para todos, como líderes de comunidades cristianas que incluyen el norte de Idaho, nos mantenemos unidos en oposición a esta flagrante supremacía blanca e instamos a todos a permanecer unidos contra tales actividades. Para decir lo obvio, la noción misma de supremacía blanca depende de la narrativa antinegra y de todas las personas de color. Como cristianos, no podemos apoyar nada que niegue la naturaleza fundamental de la Amada Comunidad a la que Cristo nos llama, una Amada Comunidad que sabe que todos son amados de Dios y hermanos y hermanas unos de otros. Rechazamos todas las formas de supremacía blanca y nos comprometemos a continuar hablando y trabajando activamente contra las estructuras que permiten la silenciosa complicidad y tolerancia con tales prácticas. Nos comprometemos a laborar activamente por ese día en que todos sean vistos, valorados, honrados y respetados como hijos e hijas de Dios.

La congregación episcopal de Coeur d'Alene, la más cercana a Hayden Lake, se comprometió a trabajar con otras confesiones para celebrar talleres sobre los retos y problemas a los que se enfrenta el norte de Idaho, entre los que figuraba analizar las cuestiones de racismo. El sacerdote ha estado trabajando para ayudar a la congregación a afrontar los retos del compromiso cívico con temas difíciles. Esa misma congregación estuvo en el acto del Día del Orgullo en 2022 en el que fueron detenidos veintiún hombres armados que llegaron en una furgoneta blanca para una contraprotesta. La congregación se enfrenta a la cuestión real de cómo actuar cuando hay amenazas de violencia armada.

En el verano de 2022, se programó un acto de «ReAwaken America» en Post Falls, una localidad de Idaho al oeste de Spokane. En ese momento escribí una carta pastoral a la diócesis, que fue recogida por los medios de comunicación locales y publicada como editorial invitada, en la que decía:

> Existe un peligro creciente de nacionalismo cristiano en este país. El nacionalismo cristiano

es una herejía para los cristianos, y una retórica peligrosa para todos los estadounidenses. Afirmar esto no es una negación del cristianismo, ni una denigración del patriotismo, sino más bien la llamada a una relación adecuada entre Iglesia y Estado. Como seguidora de Jesús, mi fe me enseña a llamar a todos los seres humanos mi familia, Jesús me enseña que mis vínculos con los demás trascienden las etiquetas de los partidos políticos y la ciudadanía de un país. No se me permite despreciar a los demás por el color de su piel, su país de origen o su religión. Como estadounidense, creo en las protecciones incluidas en nuestra Constitución y en la Carta de Derechos de todas las personas a practicar libremente su religión, o incluso a no practicar ninguna. El nacionalismo cristiano no tiene que ver con un partido político concreto, sino con la reivindicación de una determinada forma de entender el cristianismo como la única fe verdadera y de una forma de entender la política como la única manera de vivir. Equiparar el cristianismo con la lealtad a cualquier nación es una herejía. Afirmar que nuestra nación es «cristiana» es no entender, o ignorar deliberadamente, la realidad de nuestra Constitución.

El evento ReAwaken America que viene a Post Falls no es un evento del Partido Republicano; si lo fuera, no diría nada. Si soy Republicana o Demócrata o Verde o Independiente es irrelevante, todos los partidos políticos pueden participar libremente en la esfera pública. Este evento, sin embargo, es un evento nacionalista cristiano. Es envolver la bandera y la cruz juntas de una forma que se apropia indebidamente de ambas. Dios no está en ningún partido político, y es algo incorrecto por parte de cualquier partido político, o de cualquier país, afirmar que Dios está de su parte.

Como seguidora de Jesús estoy llamada a amar a mis enemigos, a rezar por los que me persiguen, a hacer el bien a los que me hacen daño, a bendecir a los que me maldicen (Lucas 6:26-28). Rezaré por todos los oradores y asistentes al evento ReAwaken America. Estoy convencida de que la mayoría de los asistentes son personas que intentan ser fieles seguidores de Jesús y buenos estadounidenses. Los organizadores, sin embargo, utilizarán el lenguaje del miedo y de Dios para tachar de «enemigos» a los que discrepan y sólo tratarán de aumentar las divisiones en este país. No buscan la unidad, sino la división. Me pregunto ¿cual es su verdadera motivación? y me pregunto ¿«quien se beneficia» de nuestras divisiones? Insto a todos a que escuchen atentamente las palabras utilizadas y se pregunten si esas palabras se escucharían alguna vez en los Evangelios. Las palabras que excluyen y demonizan a los que no están de acuerdo no son las palabras de Jesús.

Durante demasiado tiempo, las principales iglesias cristianas han permanecido en silencio en la esfera pública, prefiriendo simplemente trabajar por la justicia mediante acciones silenciosas en nuestras comunidades. Hemos cedido la esfera pública a las voces cristianas más ruidosas, voces que rara vez suenan como Jesús. El tiempo del silencio ya pasó, y de hecho nunca lo fue. Las personas que reivindicamos la fe en Jesús debemos estar dispuestas a alzar la voz cuando veamos que el Evangelio está siendo cooptado para obtener beneficios políticos.

Como estadounidense soy una creyente en el poder de la democracia representativa con un sólido intercambio de ideas y la necesidad de aprender de cada uno y transigir en aras del bien común. Necesitamos que todos nuestros partidos políticos vuelvan a los días en que las personas con puntos de vista diferentes no eran consideradas enemigas, sino simplemente personas con concepciones distintas sobre la mejor manera de abordar los problemas comunes. La creciente retórica de la división es un peligro para nuestro país.

Como seguidora de Jesús, tengo una lealtad superior a la de cualquier país, y una ciudadanía que está más allá de este país. No puedo quedarme de brazos cruzados cuando la fe se envuelve en la bandera. El cristianismo estaba aquí mucho antes de que Estados Unidos se convirtiera en un país, y estará aquí mucho después de que hayamos colonizado el espacio.

En este tiempo, invito a todos nosotros, de cualquier partido político, de cualquier fe y no fe, a estudiar la verdad del nacionalismo cristiano y a ser activos en hablar contra él.

El peligro del nacionalismo cristiano se hizo mucho más evidente para nosotros en la diócesis por estos dos eventos, y la necesidad de más educación y acción era clara. Un pequeño grupo trabajó con Faithful America y su director, el Reverendo Nathan Empsall, un sacerdote que actualmente reside canónicamente en esta diócesis, para planificar una respuesta al evento ReAwaken

America. Entre otras cosas, el grupo Cristianos contra el Nacionalismo Cristiano organizó un seminario web para conocer mejor las respuestas adecuadas al nacionalismo cristiano. A partir de este trabajo, junto con otras tradiciones ecuménicas y religiosas, ofrecimos un testimonio pacífico, no cerca de la manifestación, sino al mismo tiempo se celebraba, y atrajo la atención de la televisión y la prensa escrita. Nos alegramos de que las cadenas de televisión locales dedicaran el mismo tiempo a nuestro testimonio contra el nacionalismo cristiano que al tour de ReAwaken America. El alcalde de Coeur d'Alene, la ciudad más grande del norte de Idaho, se reunió conmigo y me expresó su consternación por lo que estaba ocurriendo políticamente en su zona, junto con su frustración por el hecho de que su propio obispo católico romano no se pronunciara.

A partir de estos acontecimientos, nuestra diócesis ha aumentado su compromiso con la labor de educación y acción contra el nacionalismo blanco y el nacionalismo cristiano blanco. Recientemente hemos presentado una solicitud de subvención para poder trabajar intensamente en este ámbito con grupos de congregaciones. También reconocemos que tendremos que superar la idea generalizada de que cuando hablamos en contra del racismo sistémico o del nacionalismo cristiano estamos hablando en contra de un partido político en particular.

LA CRISIS DEL NACIONALISMO CRISTIANO

Tendremos que aumentar nuestra propia disposición a sentirnos incómodos, a aprender verdades difíciles de afrontar sobre nuestra propia complicidad en el racismo sistémico y el nacionalismo cristiano. Un ejemplo sencillo de nuestra complicidad, quizá inadvertida, con el nacionalismo cristiano es tener una bandera estadounidense en nuestras iglesias. He tenido claro que yo no creo que las banderas deban estar en las Iglesias, pero no las he prohibido. La diócesis también tendrá que estar dispuesta a aceptar un aumento de las pérdidas de miembros cuando nos abandonen quienes se sientan demasiado incómodos con esta labor. En una época en la que cada vez hay menos feligreses, esto será difícil para algunos.

Nuestro compromiso de hacer frente al pecado del racismo sistémico y del nacionalismo cristiano también debe ir de la mano de nuestro compromiso con la labor de tender puentes y sanar divisiones. Al mismo tiempo, no estamos llamados a dialogar con personas que no están dispuestas a dialogar con nosotros. Reconocemos que este trabajo no será rápido, y creemos que aprendiendo sobre nuestra propia complicidad, trabajando para hacer frente al nacionalismo cristiano y al racismo sistémico, y trabajando con aliados en este empeño, podremos marcar una diferencia significativa en nuestras comunidades y congregaciones.

www.ingramcontent.com/pod-product-compliance
Lightning Source LLC
Chambersburg PA
CBHW040313170426
43195CB00020B/2958